노후에 잘 먹고 잘 사는 법

현명한 은퇴자들

노후에 잘 먹고 잘 사는 법

현명한 은퇴자들

이범용 × 최익성

파지트

차례

프롤로그 _ 5060, 아파도 아플 수 없고 아파서는 안 되는 우리 | 8

1부
퇴직 전 인생 재설계

1	퇴직 준비만 10년, 과정에서 얻는 통찰	21
2	5060 퇴직자들이 후회하는 5가지	28
3	현명한 은퇴자 40인의 가르침	34
4	은퇴 준비, 늦은 나이는 없다	40

2부
현명한 은퇴자들의 현실 조언

5	새로운 인생을 개척한 퇴직자들의 현실 조언	49
6	퇴직 후 99%의 인맥이 끊기고 나서야 삶을 돌아본다	57
7	59세 사업 실패 후 마음 지옥에서 탈출하다	62

8	회사에 온몸 바쳤던 퇴직자의 늦은 후회	67
9	창업하지 마라, 배당주 투자해라	75
10	퇴직 후 애매한 모임을 정리하다	81
11	꿈 찾아 무작정 퇴사하지 마라	87

3부

노후에 돈 걱정 없이 살기 위해 준비해야 할 것들

12	대한민국 상위 10%도 퇴직 후 생계 걱정하는 이유	95
13	일이 있는 노후, 돈도 건강도 따라온다	107
14	지출 다이어트, 노후를 지키는 방패	114
15	노후에 집은 자산일까, 짐일까?	122
16	오십 이후에 버려야 하는 습관 3가지	130
17	재테크, 늦은 건 없다	139
18	자녀보다 나, 자녀로부터 경제적 독립	145

4부
퇴직 전에 반드시 챙겨야 할 10가지

19	퇴직금, 어떻게 굴릴지 미리 계획하다	159
20	국민연금, 한 푼이라도 더 받는 방법	167
21	건강보험료, 부담을 줄이는 3가지 방법	182
22	자산 상태표와 현금 흐름표	192
23	재취업 준비하기	200
24	삶을 풍요롭게 만드는 취미	208
25	지혜로운 인간관계: 사람 안에서 상처받고, 치유하는 법	215
26	단단한 몸과 단단한 마음	238
27	실업급여 수급 자격 확인과 신청	253
28	삶의 의미, 무엇을 위해 살 것인가?	265

에필로그 _ 후회 없는 오늘이 만드는 빛나는 내일 | 275

프롤로그
5060, 아파도 아플 수 없고 아파서는 안 되는 우리

올해 59세인 최무식(가명) 씨의 주 수입원은 택배 분류 알바로 벌어들이는 소득입니다. 근육통과 허리 통증이 극심해도 최소한 국민연금이 나올 때까지는 꾹 참고 해야 한다고 생각합니다. 알바로 벌어들이는 월수입은 200만 원 남짓. 은퇴 전 수입과 비교하면 절반에도 못 미치는 수준이지만 은퇴 후 알바를 하기 전까지 2년간 최무식 씨의 소득은 0원이었습니다.

현행법상 법정 정년은 60세지만 그보다 앞서 55~59세에 퇴직하는 사람들이 다수입니다. 이들 중 대부분이 재취업을 원합니다. 일차적인 이유는 국민연금이 나오는 65세까지 이른바 '연금 보릿고개'를 넘기 위해서입니다. 최무식 씨 역시 택배 알바를 시작하기 전까지 재취업의 문을 두드렸습니다. 하지만 현실은 녹록지 않았습니다. 부동산 업계 용어로 말하면 상급지에 위치한 집을 처분하고 하급지로 평수를 줄여 옮겼습니다. 아들의 결혼 자금을 마련하려면 다른 방법이 없었습니다.

최무식 씨 부부는 은퇴 전에는 이런 상황을 상상도 못 했다고 합니다. 최무식 씨는 30년 가까이 안정된 직장에서 누구보다도 성실하게 직장생활을 했습니다. 은퇴 후에는 그럭저럭 여유 있게 노후를 보낼 수 있을 거라고 생각했습니다. 하지만 현실은 너무나 달랐습니다. 예상보다 은퇴 시점이 빨라졌고, 2년간 소득이 0원이 되면서 최무식 씨는 생활 방식을 완전히 바꿔야 했습니다. 국민연금이 나오기 전까지 택배 분류 알바를 계속할 생각입니다.

이 같은 사례는 비단 최무식 씨에게만 한정된 것이 아닙니다. 현재 은퇴가 진행되고 있는 50대 중후반부터 고령층의 절대 다수가 최무식 씨의 상황과 크게 다르지 않습니다. 더구나 이 세대는 본인 노후 대책 외에도 자녀 취업 뒷바라지, 결혼자금까지 챙겨야 하는 경우가 많습니다. 그 모든 것을 그동안 벌어들인 노동소득으로 충당하는 것은 절대 가능하지 않습니다. 최무식 씨처럼 은퇴한 사람들이 재취업을 강하게 원하는 이유도 여기에 있습니다. 지금까지 일해 온 기간만큼 더 일을 해야 스스로를 책임지고 주변도 챙길 수 있기 때문입니다.

5060은 대한민국 사회의 거대한 변화를 가장 직접적으로 체감하고 있는 세대입니다. UN은 총인구 중 65세 이상 인구가 차지하는 비율이 7%, 14%, 20% 이상이 되면 각각 고령화사회, 고령사회, 초고령사회로 분류하고 있습니다. 이미 우리나라는 고

인구구조, 부양비별	2025	2030	2035	2040
총인구(명)	51,684,564	51,305,713	50,824,868	50,059,218
남자(명)	25,837,903	25,627,273	25,365,537	24,954,651
여자(명)	25,846,661	25,678,440	25,459,331	25,104,567
성비(여자 1백 명당)	100.0	99.8	99.6	99.4
인구성장률	-0.13	-0.15	-0.22	-0.38
인구(명): 0-14세	5,258,466	4,159,934	3,739,052	3,878,751
인구(명): 15-64세	35,912,191	34,165,560	31,877,595	29,029,154
인구(명): 65세 이상	10,513,907	12,980,219	15,208,221	17,151,313
- 구성비(%): 0-14세	10.2	8.1	7.4	7.7
- 구성비(%): 15-64세	69.5	66.6	62.7	58.0
- 구성비(%): 65세 이상	20.3	25.3	29.9	34.3
총부양비	43.9	50.2	59.4	72.4
유소년부양비	14.6	12.2	11.7	13.4
노년부양비	29.3	38.0	47.7	59.1
노령화지수	199.9	312.0	406.7	442.2
중위연령(세)	46.7	49.7	52.5	54.6
중위연령(세)-남자	45.3	48.3	50.9	52.9
중위연령(세)-여자	48.2	51.1	54.0	56.5
평균연령(세)	45.5	48.1	50.3	52.2
평균연령(세)-남자	44.3	46.9	49.1	51.0
평균연령(세)-여자	46.7	49.3	51.5	53.4

2045	2050	2055	2060	2065	2070
48,835,031	47,106,960	44,867,534	42,302,086	39,685,210	37,181,774
24,313,819	23,443,302	22,347,707	21,114,313	19,865,280	18,670,107
24,521,212	23,663,658	22,519,827	21,187,773	19,819,930	18,511,667
99.2	99.1	99.2	99.7	100.2	100.9
−0.58	−0.82	−1.07	−1.23	−1.29	−1.31
3,946,176	3,751,268	3,367,015	2,933,230	2,563,179	2,393,252
26,653,748	24,447,839	22,795,051	20,686,964	18,640,458	17,111,187
18,235,107	18,907,853	18,705,468	18,681,892	18,481,573	17,677,335
8.1	8.0	7.5	6.9	6.5	6.4
54.6	51.9	50.8	48.9	47.0	46.0
37.3	40.1	41.7	44.2	46.6	47.5
83.2	92.7	96.8	104.5	112.9	117.3
14.8	15.3	14.8	14.2	13.8	14.0
68.4	77.3	82.1	90.3	99.1	103.3
462.1	504.0	555.6	636.9	721.0	738.6
56.4	58.1	59.9	61.5	62.7	63.2
54.7	56.6	58.6	60.3	61.4	62.0
58.3	59.7	61.3	62.8	64.1	64.4
53.9	55.2	56.4	57.4	58.1	58.5
52.6	53.9	55.1	56.1	56.9	57.4
55.2	56.6	57.7	58.6	59.3	59.6

<장래인구추계>, 통계청

령인구 구성비 20.3%를 기록하며 초고령사회에 진입했습니다. 2070년에는 고령인구 비중이 무려 47.5%에 달할 것이라고 통계청은 예측합니다.

이는 단순한 통계 숫자가 아닙니다. 총인구가 3천만 명대 중반으로 급감하는 동시에, 경제를 지탱하는 생산가능인구는 절반 이하로 줄어들고, 우리가 부양해야 할 노년 인구의 비중은 두 배 이상 폭증한다는 의미입니다. 이는 더 이상 남의 이야기가 아닙니다. 바로 우리가 살아가야 할 미래이며, 우리 자녀들이 감당해야 할 현실입니다.

이러한 인구 구조의 급격한 변화는 은퇴를 앞두고 있거나 이미 은퇴한 우리 5060에게 심각한 경고등을 켜고 있습니다. 과거에는 '안정된 직장에서 성실하게 일하면 노후는 보장될 것'이라는 암묵적인 사회 계약이 있었습니다. 국민연금과 퇴직금, 그리고 자녀들의 효도로 어떻게든 노후를 보낼 수 있을 거라는 기대가 있었습니다.

하지만 현재의 인구 지표는 이러한 막연한 기대를 더 이상 허락하지 않습니다. 연금 시스템은 생산가능인구 감소와 고령인구 증가라는 이중고 속에서 지속 가능성에 대한 의문이 제기되고 있습니다. 국민연금의 고갈 시점이 2055년으로 예상되면서, 현재 5060은 연금 수급 기간 중 상당 부분을 불안 속에서 보내야 할 가능성이 높습니다.

의료비 부담은 개인과 사회 모두에게 엄청난 숙제로 다가오고 있습니다. 평균 수명이 늘어나면서 의료비 지출도 급증하고 있지만, 건강보험의 보장성은 여전히 부족합니다. 특히 치매, 뇌졸중 등 장기 요양이 필요한 질환의 경우 개인과 가족이 감당해야 할 부담은 상상을 초월합니다.

건강이 허락해도 일자리를 찾기 어려운 현실, 설령 일자리가 있어도 최무식 씨처럼 몸을 갈아 넣어 노동해야 하는 상황은 '아파도 아플 수 없고, 아파서는 안 되는' 현실을 여실히 보여줍니다. 아프면 일을 할 수 없고, 일을 하지 못하면 생계가 막막해지는 악순환의 고리에 빠질 수 있기 때문입니다.

그러나 절망적인 현실만 있는 것은 아닙니다. 사회 전반의 노동력 부족은 역설적으로 고령층의 재취업 기회를 늘릴 수도 있습니다. 특히 서비스업, 돌봄 분야, 전문 상담 등의 영역에서는 풍부한 경험과 인생의 연륜을 가진 5060의 역할이 더욱 중요해지고 있습니다.

또한 디지털 기술의 발전으로 재택근무, 플랫폼 노동 등 새로운 형태의 일자리가 생겨나고 있습니다. 전통적인 9 to 6 직장 개념에서 벗어나 시간과 공간의 제약 없이 일할 수 있는 환경이 조성되고 있는 것입니다. 이는 체력적 한계를 느끼는 5060에게는 새로운 기회가 될 수 있습니다.

무엇보다 중요한 것은 이러한 변화에 적응하고 새로운 기술을 습득하려는 의지입니다. 과거의 성공 경험에만 의존하지 않고, 끊임없이 학습하고 성장하려는 자세가 필요합니다. 최무식 씨처럼 현실을 받아들이되, 그 속에서 새로운 가능성을 찾아나가는 것이 중요합니다.

은퇴를 준비하는 5060이라면 이러한 거대한 사회 변화 속에서 스스로의 <u>노후를 책임지고 더 나아가 사회에 기여할 수 있는 주체적인 준비</u>가 필수적입니다. 단순히 '버티는' 삶이 아니라, '성장하는' 노년을 위한 적극적인 노력이 절실합니다.

이는 무엇보다 재취업 시장에서 경쟁력을 갖추기 위한 끊임없는 학습과 자기계발을 의미합니다. 새로운 기술 습득, 자격증 취득, 네트워킹 구축 등을 통해 변화하는 시대에 뒤처지지 않아야 합니다. 또한 창업이나 프리랜서 활동 등 새로운 형태의 경제 활동에도 열린 마음을 가져야 합니다.

건강 관리는 단순히 질병 치료를 넘어 능동적인 경제 활동과 사회 참여를 위한 필수 조건이 되었습니다. 건강한 몸과 마음을 유지해야 길어진 노후를 의미 있게 보낼 수 있기 때문입니다. 예방 중심의 건강 관리, 규칙적인 운동, 스트레스 관리 등이 그 어느 때보다 중요해졌습니다.

재정 관리 역시 전면적인 재검토가 필요합니다. 과거처럼 저축만으로는 인플레이션과 장기간의 노후 생활비를 감당하기 어렵습니다. 적절한 투자와 자산 관리를 통해 노후 자금을 늘려 나가야 합니다. 동시에 불필요한 지출을 줄이고, 효율적인 소비 패턴을 만들어 가야 합니다.

우리는 더 이상 사회가 모든 것을 책임져 줄 것이라는 기대에 안주할 수 없습니다. '날개 잃은 천사'가 되어 과거의 성취에만 머무르기에는 우리에게 주어진 시간이 너무나도 깁니다. 최빈사망연령이 100세에 달할 것이라는 전망 앞에서, 5060은 인생의 절반을 지나고 있을 뿐입니다.

이는 절망적인 현실이 아니라 새로운 기회입니다. 50대부터 시작하는 제2의 인생, 제3의 인생을 설계할 수 있는 시간이 충분히 있다는 의미이기 때문입니다. 과거의 경험과 지혜를 바탕으로 새로운 영역에 도전하고, 사회에 기여할 수 있는 방법을 찾아나갈 수 있습니다.

중요한 것은 변화를 두려워하지 않고 적극적으로 받아들이는 자세입니다. 최무식 씨처럼 현실을 직시하되, 그 속에서 희망을 잃지 않고 새로운 가능성을 모색하는 것입니다. 나이는 숫자에 불과하며, 진정한 가치는 얼마나 의미 있는 삶을 사는가에 달려 있습니다.

이 책은 현명한 준비와 선택을 위한 든든한 안내서가 되어 줄 것입니다. 단순한 이론이나 추상적인 조언이 아니라, 실제로 은퇴를 경험한 선배들의 생생한 경험담과 전문가의 실무적 조언을 바탕으로 구성되었습니다.

1부에서는 **퇴직 전 인생 재설계의 중요성**을 다룹니다. 퇴직 준비를 10년 동안 해오면서 얻은 통찰들, 5060 퇴직자들이 가장 후회하는 5가지 실수들, 그리고 현명한 은퇴자 40인이 전하는 귀중한 가르침을 통해 같은 실수를 반복하지 않는 방법을 제시합니다. 또한 '은퇴 준비, 늦은 나이는 없다'는 희망적 메시지를 통해 지금이라도 시작할 수 있다는 용기를 드립니다.

2부에서는 **새로운 인생을 개척한 현명한 은퇴자들의 생생한 현실 조언**을 담았습니다. 퇴직 후 99%의 인맥이 끊기는 현실, 59세 사업 실패 후 마음의 지옥에서 탈출한 경험, 회사에 온몸을 바쳤던 퇴직자의 늦은 깨달음 등을 통해 막연한 불안감을 넘어 구체적인 해결책을 탐색합니다. 특히 '창업하지 마라, 배당주에 투자하라' '꿈 찾아 무작정 퇴사하지 마라' 등의 현실적 조언은 많은 예비 은퇴자들에게 소중한 지침이 될 것입니다.

3부에서는 **노후에 돈 걱정 없이 살기 위한 실질적인 준비**를 다룹니다. 대한민국 상위 10%마저 퇴직 후 생계를 걱정하는 현실을 분석하고, 일이 있는 노후가 돈과 건강을 모두 가져다주는 이유를 설명합니다. 지출 다이어트를 통한 노후 자금 절약법, 집이 자산인지 짐인지에 대한 냉정한 판단, 50세 이후 버려야 할 습관들, 그리고 늦지 않은 재테크 방법까지 재정적 안정의 구체적인 길을 안내합니다.

마지막 4부에서는 **퇴직 전에 반드시 챙겨야 할 10가지 핵심 요소**들을 제시합니다. 퇴직금 활용 계획, 국민연금 최대한 받는 방법, 건강보험료 부담 줄이기, 자산 상태표 작성, 재취업 준비, 취미생활 개발, 인간관계 정리, 건강 관리, 실업급여 신청, 그리고 삶의 의미 찾기까지 건강과 관계, 삶의 의미를 아우르는 총체적인 준비를 돕습니다.

아플 수 없고, 아파서도 안 되는 5060입니다. 하지만 이는 절망적인 현실이 아니라 새로운 도전의 시작점입니다. 변화하는 시대에 맞춰 스스로를 재정비하고, 새로운 가능성을 열어갈 수 있는 기회이기도 합니다.

현실을 직시하되, 그 속에서 희망을 잃지 않고 하루하루 최선을 다하는 것. 그리고 더 나아가 같은 처지의 사람들에게 도움이 되는 경험과 지혜를 나누는 것. 이것이 우리 5060세대가 걸어가야 할 길입니다.

미래는 준비하는 자의 것입니다. 단순히 미래를 걱정하는 것이 아니라, 그 미래를 적극적으로 준비하고 대비하는 자만이 진정한 승리자가 될 수 있습니다. 이 책을 통해 후회 없는 오늘이 만드는 빛나는 내일을 향해 한 걸음씩 나아갈 수 있기를 진심으로 바랍니다.

변화의 시대, 우리는 더 이상 과거의 성공 공식에 안주할 수 없습니다. 하지만 그렇다고 해서 절망할 필요도 없습니다. 지금부터라도 차근차근 준비해 나간다면, 우리의 노후는 충분히 의미 있고 행복할 수 있습니다.

1부

퇴직 전
인생 재설계

1 퇴직 준비만 10년,
과정에서 얻는 통찰

본 내용은 제1 저자인 이범용 작가의 실제 사례를 기반으로 작성되었습니다.

10년 전이었습니다. 직장에서 받는 스트레스를 해소하기 위해 술과 담배에 의존했습니다. 무기력한 중년의 삶이었습니다. 주말이면 놀아달라는 아이들에게 "아빠 피곤하니까 저리 가서 놀아~"라며 소리치곤 했습니다. 그런 모습을 더는 견디지 못한 아내가 몰래 저를 자기계발 모임에 등록시켰습니다.

왜 상의 없이 등록했냐며 따졌지만 결국 참석하게 되었습니다. 마지못한 시작이었지만, 그 모임이 인생을 완전히 바꾸는 계기가 되었습니다. 매주 책 한 권을 읽고 토론하는 형식이었는데, 4주 차 도서가 바로 〈습관의 재발견〉이었습니다. 미국 작가의 책으로, 팔 굽혀 펴기 1회로 인생을 바꾼 이야기를 담고 있었습니다. '이 정도면 나도 할 수 있지 않을까?' 하는 생각이 들었죠.

그 이후 놀라운 변화가 시작되었습니다. 책을 읽고 난 후 마음 한쪽에서 작은 용기가 피어나기 시작했고, 모임에서 만난 12명과 함께 작은 습관 만들기 프로젝트에 도전하게 되었습니다. 누가 시킨 것도 아니었는데 습관 실천 결과를 엑셀에 기록하기 시작했죠. 누구는 어떻게 성공했고, 누구는 왜 실패했는지, 실패한 이유는 무엇인지 정리해 보았습니다.

1년 후, 이렇게 쌓인 데이터를 블로그에 기록해 둔 것이 첫 책 〈습관홈트〉의 밑거름이 되었습니다.

14번의 퇴사와 트라우마 극복

현재 다니고 있는 회사는 15번째 직장입니다. 25년 동안 14번의 퇴사를 경험했습니다. 하루 만에 그만둔 회사도 있었고, 한 달 만에 나온 회사도 있었습니다.

그 이유는 어린 시절로 거슬러 올라갑니다. 아버지는 가난한 농부였습니다. 지친 육체노동 끝에 화를 자주 냈고, 아이들을 때리기도 했습니다. 어릴 적에는 아버지라는 존재가 너무 두려웠고, 눈치를 보며 주눅 든 채 살아야 했습니다.

이런 감정은 직장생활에서도 반복되었죠. 상사가 화를 내면 어린 시절 아버지의 모습이 떠오르면서 극심한 스트레스를 견디기 힘들었습니다.

하지만 지금의 회사에서는 10년째 일하고 있습니다. 달라진 건 단 한 가지입니다. 바로 습관을 만들기 시작했다는 점입니다.

5년 넘게 새벽 3시 30분에 일어났습니다. 출근 전 2시간 동안 책을 읽고 글을 썼습니다. 매일 아침 자신과의 약속을 지키며 쌓인 성취감은 자존감을 조금씩 회복시켜 주었습니다. '이 정도면 괜찮은 사람이다'라는 자기 이미지가 생기기 시작했습니다.

7개의 활줄 만들기

영어 표현 중 "Have a second string to your bow(활의 두 번째 줄을 준비하라)"라는 말이 있습니다. 월급이 끊어질 경우를 대비해 또 다른 수입원을 준비하라는 뜻입니다.

이 표현을 현실로 몸소 옮기기 위해 활에 7개의 줄을 만들어 보았습니다. 월급 외에 6개의 수입원을 개발했었죠. 큰 수익이 나지 않아 중단한 것도 있었지만 모두 소중한 경험이었습니다.

- **책 출간**: 습관 실천 경험을 바탕으로 3권의 책을 출간했

습니다. 인세 수입이 있습니다.
- **강연 활동**: 책 출간 후 강연 요청이 들어오기 시작했습니다.
- **해외 구매 대행**: 일본과 중국 제품을 국내에 판매했습니다. 현재는 중단한 상태입니다.
- **프랜차이즈 창업**: 두 차례 창업에 도전했고, 한 번은 5개월, 다른 한 번은 3년간 운영 후 폐업했습니다.
- **유튜브 채널 운영**: 6개의 채널을 실패한 끝에 〈현명한 은퇴자들〉 채널을 활발히 운영 중입니다.
- **배당주 투자**: 연금저축펀드와 ISA 계좌를 통해 배당금을 꾸준히 늘려가고 있습니다.

이렇게 다양한 수입원으로 적게는 월 200만 원에서, 많게는 700만 원까지 수익을 올린 적도 있습니다. 하지만 아직 월급처럼 고정적인 수입은 아닙니다. 좋아하는 일로 안정적인 수입을 만드는 것이 얼마나 어려운 일인지 절실히 깨달았습니다.

그중에서도 가장 큰 손실은 프랜차이즈 창업이었습니다. 두 번의 도전으로 약 8천만 원의 손해를 보았지만, 그 과정에서 얻은 교훈은 돈으로 살 수 없는 귀중한 자산이 되었습니다.

두 번의 폐업

첫 번째 창업은 필라테스 운영이었습니다. 결과는 참담했습니다. 준비 없이 덤빈 무모한 도전은 5개월 만에 마무리되었습니다. 해당 업종에 대한 이해도, 경험도 전혀 없었습니다. 시장의 냉혹함을 온몸으로 체험해야 했습니다.

하지만 포기할 수는 없었습니다. 여전히 안정적인 수입이 필요했습니다. 첫 번째 실패에서 얻은 교훈을 바탕으로 두 번째 창업을 준비했습니다.

두 번째는 쌀국수 매장이었습니다. 좀 더 신중하게 접근했다고 생각했지만, 지금 돌이켜보면 여전히 부족했습니다. 초기 투자금은 총 9천만 원이었습니다. 인테리어와 설비에 7천만 원, 보증금으로 2천만 원을 들였습니다. 3년 후, 보증금 2천만 원만 돌려받고 나머지는 모두 사라졌습니다. 프랜차이즈 본사에서는 "월 매출 3천만 원이면 15%의 이익이 나온다"라고 설명했습니다. 하지만 현실은 너무나 달랐습니다.

임대료 및 관리비 30%(900만 원), 식자재비 40%(1,200만 원), 인건비 25%(750만 원), 사장 이익 5%(150만 원). 사장 이익인 월 150만 원은 직원 월급보다 못한 수익이었습니다.

그러던 중 인근에 동일한 프랜차이즈 매장이 생겨나기 시작했습니다. 3년 사이 2곳이었던 매장은 5곳으로 늘어났습니다. 식자재비는 계속 상승했지만, 프랜차이즈 본사의 허락 없이는 판매 가격을 올릴 수 없었습니다. 매출은 줄어들고 원가 비율은 높아졌습니다. 결국 두 번째 창업도 폐업하게 되었습니다.

10년 헛발질로 얻은 교훈

지난 10년 동안 7개의 부업을 경험하며 수많은 헛발질을 했습니다. 그 과정에서 얻은 중요한 교훈이 있습니다. 남들이 한다고 무작정 따라 하면 반드시 비싼 수업료를 치르게 된다는 점입니다. 지속하기도 어렵습니다.

특히 프랜차이즈 창업은 수십 년간 경험을 쌓아도 성공하기 어려운 분야입니다. 하물며 직장생활만 하다 퇴직한 50~60세대가 도전하기에는 위험 요소가 많다는 점을 뼈저리게 깨달았습니다.

또 하나 얻은 교훈은 '자신이 잘하고 좋아하는 일'을 통해서 퇴직 이후에도 수입을 만들 수 있다는 가능성입니다. 제가 10년 동안의 헛발질에서 깨우친 좋아하는 일을 통해 수입을 만드는 방법은 책 쓰기, 유튜브 운영, 배당주 투자였습니다.

직장에 다니는 동안 실패를 겪지 않았다면, 퇴직 후 훨씬 더 큰 시간과 비용을 들여야만 같은 교훈을 얻었을 것입니다. 아직 퇴직 후 목표 생활비인 월 300만 원을 벌고 있지는 못합니다. 하지만 남은 3년 동안 목표를 달성하기 위해 꾸준히 도전하고 있습니다.

2 5060 퇴직자들이 후회하는 5가지

　살면서 후회를 한 번도 해보지 않은 사람이 있을까요? 인생을 살아오며 한순간도 되돌리고 싶지 않았던 사람은 아마 거의 없을 것입니다. 특히 50대에 접어들며 삶의 굴곡을 한두 번쯤 경험하고 나면, 지나온 시간에 대해 자연스럽게 질문을 던지게 됩니다. "그때 왜 그렇게 행동했을까." "조금만 더 준비했더라면 지금은 달라지지 않았을까." 후회는 어느 특정한 시기나 사건에 국한되지 않습니다. 나이, 성별, 직업을 가리지 않고 누구에게나 찾아옵니다.

　젊었을 때 공부를 좀 더 열심히 했더라면, 몸을 더 챙겼더라면, 재테크를 일찍 시작했더라면, 가족에게 사랑한다고 자주 표현했더라면 하는 후회는 늘 일상에 가까이 있습니다. 어쩌면 후회란 더 잘 살고 싶다는 마음의 또 다른 표현인지도 모릅니다. 중요한 것은 그 후회가 '되풀이되는 후회'가 되지 않도록 미리 준비하고 점검하는 일입니다.

최근 퇴직자들과 인터뷰를 진행하며 자주 듣는 말이 있습니다. 퇴직 전에 퇴직 이후의 삶을 미리 준비하지 못한 점을 깊이 후회한다는 이야기입니다. 몇몇 분들은 "왜 아무도 퇴직 이후의 삶을 제대로 알려주지 않았을까" 하며 섭섭함을 표현하기도 했습니다. 그때가 되면 자연스럽게 뭔가 생길 줄 알았고, 시간이 해결해 줄 거라 믿었지만 실제는 그렇지 않았다고들 합니다.

2023년, 미래에셋투자와 연금센터가 실시한 설문조사에서도 이런 후회의 면면이 구체적으로 드러납니다. 50대 이상 퇴직자 400명을 대상으로 '퇴직 전에 미리 준비하지 못해 가장 후회하는 것'을 묻자 다음과 같이 다섯 가지 주요 항목이 도출되었습니다.

첫째, __재정 관리__입니다. 가장 많은 퇴직자가 노후 재정 관리를 충분히 하지 못한 점을 후회한다고 답했습니다. 국민연금 하나로는 은퇴 이후의 생활을 안정적으로 유지하기 어렵습니다. 연금저축, 연금보험 같은 개인연금뿐 아니라 ETF(상장지수펀드)를 비롯한 펀드, 주식 등 장기적인 투자 활동의 기회를 놓친 점이 큰 아쉬움으로 남는다고 합니다.

현재 한국 사회는 이른바 '연금 크레바스'라는 구조적인 문제를 안고 있습니다. 50대 후반이나 60세 전후에 은퇴하게 되면, 65세부터 국민연금을 받기까지 소득이 단절되는 공백기가 발생

합니다. 이 시기를 버틸 수 있는 수입원이 없다면 노후는 불안으로 시작됩니다.

한 퇴직 금융인은 "작은 시냇물 열 개가 모여 큰 강이 됩니다"라는 표현으로 다양한 수입원의 중요성을 강조했습니다. 실제로 안정적으로 노후를 보내고 있는 분들은 연금, 임대 수입, 배당, 프리랜서 수입 등 세 가지 이상의 수입원을 확보해 둔 경우가 많습니다.

둘째, **퇴직 후 일자리에 대한 준비 부족**입니다. 조사에 따르면, 응답자의 24.5%가 퇴직 이후 일할 기회를 미리 마련하지 못한 것을 후회하고 있습니다. 막연히 쉬고 싶다는 기대와 달리 생활비의 현실은 생각보다 빠르게 다가옵니다. 국민연금이 있더라도 실제 지출을 감당하기에는 부족하다는 말이 많습니다. 더욱이 일은 단지 돈을 벌기 위한 수단이 아니라, 하루의 리듬과 자존감을 유지하는 데에도 큰 역할을 합니다. 퇴직 후 급속히 무기력해지는 사람 중 상당수가 일의 단절로 인한 공허함을 견디기 어려워합니다. 퇴직 전에 미리 일의 연장선에 있는 무언가를 준비해 두는 일이 중요한 이유입니다.

셋째, **건강 관리에 대한 후회**입니다. 17.75%의 응답자들이 건강을 미리 챙기지 못한 점을 후회한다고 했습니다. "퇴직 후 건강을 잃으면 모든 계획이 무너집니다"라는 말은 단순한 경고가 아니라 현실에서 비롯된 진실입니다. 퇴직 후 하고 싶은 일이 있어도 몸이 받쳐주지 않으면 아무것도 할 수 없습니다. 여행을 가고 싶어도 관절이 아프고, 손자 손녀를 돌보고 싶어도 병원 예약부터 챙겨야 하는 일이 반복됩니다. 건강이 무너지면 준비된 자산도 제 기능을 할 수 없습니다.

연구에 따르면 규칙적인 운동, 균형 잡힌 식사, 충분한 수면이 노후 건강을 유지하는 핵심 요인입니다. 하지만 퇴직 후에 갑자기 건강을 챙기기란 생각보다 어렵습니다. 직장을 다닐 때부터 생활 습관을 조금씩 바꾸고, 자신에게 맞는 루틴을 만드는 노력이 필요합니다. 건강 관리는 늘 지금부터 시작해야 하는 일입니다.

넷째, **취미와 여가 활동에 대한 준비 부족**입니다. 11.5%의 퇴직자들이 이 부분을 후회한다고 응답했습니다. 재미있는 사실은, 시간이 없어서 여가를 못 즐긴 것이 아니라, 여가 시간이 생기자 무엇을 해야 할지 몰랐다는 점입니다. 오랜 시간 일에 몰두해 살아오다 보니 자신이 무엇을 좋아하는지조차 잊은 사람들이 많습니다. 정작 은퇴하고 시간이 주어졌을 때, 즐길 줄 모른다는 사실을 깨닫고 허탈해합니다.

2023년 한국갤럽 조사에 따르면 국내 여행(82%), 영화 관람(60%), 노래방 이용(44%)이 대표적인 여가 활동으로 나타났습니다. 하지만 대부분 소비형 여가에 머물고 있어 지속적인 만족감을 주지 못하는 경우가 많습니다. 반면 은퇴 후 인생을 잘 설계한 사람들은 취미를 통해 성취감, 사회적 교류, 정체성까지 함께 얻고 있습니다.

KBS1 시사/교양 프로그램 〈아침마당〉에 출연한 한 퇴직자는 은퇴 후 처음 그림을 배우기 시작해 60세를 넘어 화가로 활동 중입니다. 처음에는 단순한 취미였지만 꾸준히 이어간 끝에 새로운 직업으로 확장된 사례입니다. 전문가들은 취미를 찾기 위한 방법으로 세 가지를 제안합니다. 첫째, 어릴 때 하고 싶었지만 하지 못했던 것을 시도해 보는 일입니다. 둘째, 주변에서 잘한다고 칭찬받았던 활동을 다시 꺼내보는 일입니다. 셋째, 다양한 체험을 통해 끌리는 것을 발견하고 발전시켜 보는 일입니다.

다섯째, **인간관계 관리 부족**입니다. 가장 낮은 수치이긴 하지만 그만큼 깊은 울림을 주는 항목입니다. 3.5%의 퇴직자들이 인간관계를 미리 관리하지 못한 것을 후회하고 있습니다. 재취업이나 창업을 위한 인맥 부족에 대한 아쉬움도 있지만, 무엇보다 '관계 단절' 자체가 가장 큰 문제입니다. 황혼이혼과 고독사의 수치가 이를 증명합니다. 통계청에 따르면 혼인 20년 이상 부부의 황혼이혼은 전체 이혼의 34.7%에 이릅니다.

또한 고독사로 인한 사망자는 2021년 3,378명에서 2023년

3,661명으로 증가하고 있습니다. 이 중 다수는 5060세대의 남성입니다. 관계가 단절되면 결국 삶의 마지막마저 외롭고 고통스럽게 마무리됩니다.

직장 중심으로 형성된 인간관계는 퇴직과 동시에 급격히 줄어듭니다. "퇴직 후 99%의 직장 인맥이 사라졌다"라는 말은 여러 인터뷰에서 반복적으로 등장하는 이야기입니다. 반면 새로운 인간관계를 적극적으로 만들어 가는 사람들도 있습니다. 가족에게 시간을 더 쓰거나, 지역사회 활동, 취미 모임, 자원봉사 등을 통해 관계의 연결고리를 넓혀 갑니다.

다섯 가지 후회를 살펴보면 결국 하나로 귀결됩니다. **후회는 준비하지 않은 결과**라는 사실입니다. 퇴직 이후가 아니라 퇴직 이전에 하나씩 점검하고 대비해야 할 주제들입니다.

지금 이 다섯 가지 중 얼마나 준비되어 있나요? 지금 시작해도 늦지 않습니다. 모든 변화는 지금 이 순간에서 출발합니다. 너무 많은 것을 한꺼번에 하려고 하지 않아도 됩니다. 다섯 가지 영역, 재정, 일, 건강, 여가, 관계. 이 다섯 가지를 하나씩만 준비해도 충분히 달라질 수 있습니다. **지금, 시작하십시오.** 오늘이 가장 **빠른** 날입니다. 현명하게 은퇴를 준비하고, 단단하고 의미 있는 노후를 맞이하기를 응원합니다.

3

현명한 은퇴자

40인의 가르침

    2023년, 〈현명한 은퇴자들〉이라는 유튜브 채널을 열었습니다. 퇴직을 앞둔 시점에서 마주한 막연한 불안감이 계기가 되었습니다. 하루하루 다가오는 퇴직이라는 현실을 마주하며 느낀 걱정과 혼란을 혼자 품고 있기보다 누군가와 나누고 싶다는 마음이 컸습니다. 그렇게 시작한 채널을 통해 지금까지 40명의 퇴직자와 깊은 대화를 나눴습니다. 그들의 목소리, 선택, 후회, 그리고 다시 시작하는 용기 속에서 삶의 이정표 같은 교훈들을 만날 수 있었습니다. 그 이야기들을 조금 나누고자 합니다.

    가장 먼저 발견한 사실은, 많은 퇴직자가 **은퇴 이후의 삶을 충분히 준비하지 못한 채 퇴직을 맞이했다**는 점입니다. "퇴직 1년 전으로 돌아간다면 무엇을 하시겠습니까?"라는 질문을 던졌을 때 놀라울 만큼 비슷한 대답들이 돌아왔습니다.

"자격증을 미리 따둘걸 그랬다."
"돈 버는 방법을 하나라도 더 시도해 볼걸."
"생애설계 프로그램을 들어볼걸."
"퇴직 후 5개년 계획을 세워둘걸."
"인맥을 정리하고 관리해 둘걸."

말끝마다 묻어나는 아쉬움은 절대 가볍지 않았습니다. 그러나 그 누구도 퇴직을 가볍게 여겼던 건 아닙니다. 문제는 대부분의 직장인이 '노후 준비는 퇴직 이후에 해도 늦지 않다'라는 착각, 혹은 '퇴직은 아직 남의 이야기'라는 안일한 인식 속에서 미루고 있었다는 점입니다.

퇴직은 언젠가가 아니라, 반드시 오는 현실입니다. '내일의 나'가 아닌, '오늘의 나'가 책임지고 준비해야 하는 시점이라는 사실을 놓치고 있었다는 공통된 반성이 있었습니다.

두 번째로 마주한 현실은 **재취업이 예상보다 훨씬 어렵다**는 점입니다. 대부분은 직장에서 쌓아온 경력과 경험이 퇴직 이후에도 유효할 것이라 기대했지만, 현실은 냉혹했습니다. 한 인터뷰이는 이 상황을 옷 크기에 빗대어 설명했습니다.

"직장 다닐 때의 내 몸은 빅사이즈 옷만 맞는 상태였어요. 근데 퇴직 후 취업 시장에는 M이나 S 사이즈 옷밖에 없더라고요.

몸을 줄여야 하는데, 이게 생각처럼 되지 않아요. 내려놓기가 너무 어렵습니다."

자존심과 현실 사이에서 벌어지는 간극은 생각보다 깊었습니다. 더 가슴 아픈 사실은, 어렵게 **재취업에 성공해도 1년을 넘기지 못하고 다시 퇴사하는 경우가 많다**는 것입니다. 미래에셋 조사에 따르면, 5060 재취업자의 평균 재직 기간은 1년 6개월에 불과하다고 합니다. 직접 인터뷰했던 대기업 부장 출신도, 퇴직 1년 후 어렵게 일자리를 얻었지만 불과 2주 만에 퇴사했습니다. 해외 법인장을 지낸 사람은 1년 만에, 금융권에서 명예퇴직한 사람도 9개월 만에 직장을 그만두었습니다. 이유는 단순했습니다. 일의 질이 기대보다 낮고, 급여는 충분치 않았기 때문입니다. 단지 생계를 위해, 혹은 외로움을 잊기 위해 시작했지만, 오래 버티기엔 너무 많은 것을 감내해야 했습니다.

세 번째로 깨달은 점은 **많은 퇴직자들이 평생 현역으로 살기를 원하고 있다**는 사실입니다. 돈, 건강, 외로움. 이 세 가지는 누구에게나 공포로 다가오는 노후 3대 불안 요소입니다. 그런데 이 모든 불안을 한 번에 덜어주는 수단이 '일'이라는 데 의견이 모였습니다.

단순히 생계를 위한 노동이 아니라, 정서적 안정과 관계 유지를 위한 활동으로 일을 택하고 있었습니다. 자녀에게 부담을 주고 싶지 않다는 마음, 경제적으로는 물론 정신적으로도 자립하고 싶다는 의지에서 비롯된 선택입니다.

그래서 물류센터에서 택배 분류를 하는 사람도 있었고, 해외 구매 대행을 시도하거나, 귀촌해 특수 작물을 재배하거나, 자격증을 취득한 후 작은 직장에 다시 들어가는 등 다양한 모습으로 **새로운 일터를 만들어 가는 삶**을 목격할 수 있었습니다.

그중에서도 잊히지 않는 인터뷰이가 있습니다. '쭈압'이라는 닉네임을 가진 사람입니다. 공기업에 다니며 첫 월급이 57만 원이었는데, 그 돈을 저축하며 결혼 비용도 절약하고 배당투자까지 시작했다고 합니다.

특히 인상 깊었던 점은, 단돈 1만 원이 생겨도 소비하지 않고 주식을 사두는 습관이었습니다. 단기 수익에 목매지 않고, 장기 투자로 복리의 힘을 믿으며 실천해 왔습니다. 인터뷰 당시인 2024년에는 약 14억 원의 자산을 보유하고 있었고, 연간 배당금만 9천만 원에 달했습니다. 2025년에는 남편의 퇴직금까지 합쳐져 월 1천만 원의 배당 수익을 만들고 있었습니다.

이 이야기를 들으며, 작지만 지속적인 수익의 중요성을 다시금 되새기게 되었습니다. 예전에는 '이 정도 돈은 의미 없지' 하며 스쳐 보내거나 소비해 버린 적이 많았습니다. 그러나 작은 수익도 소중히 다루고 장기적인 눈으로 바라보았다면 지금쯤은 달라졌을 거라는 생각이 들었습니다.

2년간 인터뷰하며 얻은 핵심 교훈은 여섯 가지로 정리할 수 있습니다.

첫째, **미리 준비하는 것이 가장 강력한 전략입니다**. 퇴직은 언젠가는 닥칠 현실입니다. 자격증 취득, 부업 시도, 인맥 정리와 관리, 생애설계 교육 등은 일찍 시작할수록 확률이 달라집니다.

둘째, **재취업에 모든 기대를 걸지 않는 것이 필요합니다**. 재취업은 현실적으로 어렵고, 유지하기도 쉽지 않습니다. 다른 수입원을 미리 개발해 두는 것이 안전한 전략입니다.

셋째, **작은 수익도 절대 무시하지 마십시오**. 크지 않다고 의미가 없는 것이 아닙니다. 수익의 크기보다 방향이 중요합니다. 적게 벌더라도 모아두고 투자하면 언젠가 큰 힘이 됩니다.

넷째, **'일'은 노후 3대 불안을 모두 해결할 수 있는 유일한 도구입니다**. 일을 통해 돈도 벌고, 건강도 챙기고, 사람도 만납니다. 일은 단순한 생계 수단이 아닙니다. 자기 존중의 원천이 됩니다.

다섯째, **습관의 힘을 믿으십시오**. 책 두 페이지 읽기, 글 두 줄 쓰기, 팔 굽혀 펴기 5회. 작은 행동이라도 매일 이어지면 인생을 바꾸는 원동력이 됩니다.

여섯째, 시간과 에너지를 어디에 쏠지 미리 결정해 두십시오. 퇴직 후 '하고 싶은 일' '해야 하는 일'을 미리 정해두는 것만으로도 은퇴 준비의 절반은 끝난 셈입니다. 방향이 잡히면 불안이 줄어듭니다.

퇴직은 끝이 아니라 또 다른 시작입니다. 활의 두 번째 줄, 아니 세 번째, 네 번째 줄까지 준비해 두면 어떤 상황에서도 무너지지 않습니다. 오늘 하루, 무엇을 준비하시겠습니까? 그 답을 찾는 순간, 인생 후반전이 바뀌기 시작합니다.

4 은퇴 준비, 늦은 나이는 없다

 은퇴 준비라는 말을 들으면 '늦은 게 아닐까?' 하는 생각부터 합니다. 특히 5060세대에 접어들면 지난 시간을 되돌아보며 아쉬움과 후회에 잠기기도 하지요? '젊었을 때부터 준비했어야 하는데' '그때 주식에 투자했더라면' '공부라도 더 해둘걸' 같은 생각들이 머릿속을 맴돕니다. 하지만 단언컨대 **은퇴 준비에 늦은 나이란 절대로 없습니다.** 오히려 지금이야말로 오랜 경험과 지혜를 발판 삼아, 인생 2막을 가장 현명하고 성공적으로 설계할 수 있는 최적의 시기입니다.

 책 〈늦은 나이는 없다: 사말오초, 바람이 불어도 가야 한다〉는 40대, 50대, 60대는 물론, 70대, 심지어 80대, 90대에 이르기까지 새로운 도전을 시작하고 성공을 이룬 사람들의 이야기를 담고 있습니다. 책 속에 수록된 인물들에는 뚜렷한 특징들이 있습니다.

첫째, **그들은 대담했거나 꾸준했거나, 혹은 둘 다 가지고 있었습니다.** 나이가 많다는 이유로 주저앉거나 포기하지 않았습니다. 어떤 사람들은 나이와 상관없이 '이 나이에 무슨!'이라는 생각을 비웃기라도 하듯, 대범한 도전이나 과감한 시도를 감행했습니다. 전에 없던 새로운 분야에 뛰어들거나, 남들이 '미쳤다'라고 할 만한 아이디어를 현실로 만들었죠. 반면 어떤 이들은 천부적인 재능이나 특별한 기회 없이도, 오직 '꾸준함'이라는 무기 하나로 자신에게 주어진 일을 묵묵히 파고들며 결국 빛을 발했습니다. 매일매일 작은 노력을 쌓아가며 자신만의 영역을 확고히 다진 것이죠. 그 사람들의 성공은 타고난 재능보다 '대담함'과 '꾸준함'이라는 태도에서 비롯된 경우가 많았습니다.

둘째, **그들이 하지 않는 말이 있었습니다.** 바로 "이 나이에 무슨…" "그건 제가 해봐서 아는데…" "그건 제가 안 해봐서…"라는 세 가지 말입니다. 이 말들은 스스로를 나이의 한계와 경험의 한계에 가두는 자기 검열의 언어이자, 새로운 가능성을 차단하는 핑계가 됩니다. 그들은 '이 나이에는 불가능하다'라고 단정 짓지 않았고, 과거의 경험에 갇혀 새로운 시도를 두려워하지 않았으며, 해보지 않은 일에 대해 미리 겁먹고 포기하지 않았습니다. 새가 나뭇가지에 앉아 있는 것은 나뭇가지가 부러지지 않을 것이라는 믿음 때문이 아니라, 자기 자신의 날개를 믿기 때문이라는 흔한 비유처럼, 그들은 외부의 조건이나 과거의 경험에 자신을 맡기지 않았습니다. 오직 자신의 신념과 행동을 믿고 나아갔습니다. 그들에게 나이는 숫자에 불과했고, 경험은 걸림돌이 아닌 성장의 발판이었습니다.

마지막으로, <u>그들은 운이 좋았습니다.</u> 하지만 상대의 성공을 단순히 '운' 때문이라고 말하며 자신에게 면죄부를 주어서는 안 됩니다. '나는 운이 없어서'라고 치부하는 순간, 우리는 스스로 노력할 기회를 박탈하고, 변화할 가능성을 포기하게 됩니다. '운(運)'이라는 단어는 '움직이다'라는 뜻을 가지고 있습니다. 운전, 운행, 운동 등 모두 움직임을 수반하는 단어들입니다. 그렇습니다. 운은 가만히 있는 자에게 찾아오는 것이 아니라, **움직였기 때문에 따라온 것**입니다. 현명한 은퇴자들, 특히 늦은 나이에 무언가를 시작하고 준비해서 성공을 이룬 이들은 모두 '운이 좋았습니다'. 그리고 그 운은 그들이 '움직였기' 때문에 찾아온 것입니다.

우리는 흔히 은퇴 준비가 마치 마라톤처럼, 어릴 때부터 꾸준히 달려야만 완주할 수 있는 긴 여정이라고 생각합니다. 물론 일찍 시작하면 유리한 점이 많습니다. 복리의 마법을 누릴 수 있고, 더 많은 시행착오를 겪으며 자신에게 맞는 방법을 찾아갈 시간도 벌 수 있으니까요. 하지만 그렇다고 해서 지금 이 순간이 너무 늦었다고 좌절할 필요는 전혀 없습니다. 오히려 통계와 실제 사례들은 나이가 들어 시작하는 은퇴 준비가 의외로 더 높은 성공률을 보인다는 사실을 보여줍니다. 20대 창업자보다 40대, 50대 창업자의 성공률이 더 높은 것도 같은 맥락입니다. 왜 그럴까요? 단순히 나이만 많아진 것이 아니라, 그동안 쌓아온 <u>경험과 지식, 그리고 세상을 읽는 통찰력</u>이 그 어떤 젊은이보다 뛰어나기 때문입니다. 50대 이상 고령층의 경제활동 참가율이 60%를 넘고, 65세 이상 취업자 수가 꾸준히 늘어나는 통계는 '늦었다'는 생각이 단순한 착각임을 증명합니다. 많은 고령층이 생활비 마련뿐 아니라 삶의 보람을 찾기 위해 계속 일하기를 희망하고 실제로 그렇게 하고 있습니다.

생각해 보십시오. 20대는 무엇이 옳은지 그른지, 어떤 선택이 장기적으로 유리한지 판단할 만한 충분한 삶의 경험이 부족했습니다. 실패해도 금방 털고 일어설 수 있는 젊음이 있었지만, 그만큼 무모한 도전을 할 가능성도 높았죠. 하지만 5060세대는 다릅니다. 직장생활을 통해 수많은 사람들을 만나고 다양한 프로젝트를 수행하며 복잡한 문제들을 해결해 왔습니다. 성공과 실패를 모두 경험하며 의사결정의 폭과 깊이가 달라졌습니다. 인간관계의 복잡성을 이해하고, 위기 상황에 대처하는 지혜도 생겼습니다. 이러한 지적이고 사회적인 자본은 젊은이들이 감히 넘볼 수 없는 강력한 무기입니다.

뇌과학 연구도 이러한 사실을 뒷받침합니다. 뇌에 인지된 정보를 처리하는 속도나 순발력은 10대, 20대 때 월등하지만, 보다 복잡한 패턴을 파악하고 여러 정보 사이의 인과관계를 추론해 내는 능력, 즉 '결정적 지능'은 보통 40세 이후에 발현되어 60대까지 유지되거나 오히려 더 향상되는 경향을 보인다고 합니다. 사회에 대한 이해나 정서적인 성숙도 마흔 이후에 더욱 깊어집니다. 문제 해결 능력과 의사 결정 능력이 정점에 달했거나 그에 준하는 상태라는 뜻입니다. 이는 '이미 늦었다'는 심리적 장벽을 깨고 새로운 도전을 시작할 수 있는 강력한 근거가 됩니다.

실제로 이 책에 등장하는 수많은 '현명한 은퇴자들'은 마흔 이후, 심지어 70대, 80대, 90대에도 새로운 목표를 세우고 꿈을 이루어 냈습니다. 그들은 젊은 시절부터 완벽하게 준비했기 때문이 아니라, **'늦었다는 생각'에 주저앉거나 포기하지 않고 끊임없이 배우고 도전하며 시도했기 때문에 성공할 수 있었습니다.** 윈스턴 처칠은 65세에 영국 총리가 되어 제2차 세계대전을 승리로 이끌었고, 모제스 할머니는 70대 중반에 그림을 시작하여 세계적인 화가가 되었습니다. 워런 버핏은 자신의 재산 99%를 50세 이후에 축적했습니다. 이들의 이야기는 우리에게 '모든 것은 의지에 달려 있다'는 강력한 메시지를 전합니다.

물론 나이가 들수록 새로운 것을 배우는 것이 쉽지 않고, 신체적인 제약이 따를 수도 있습니다. 하지만 디지털 시대는 이러한 물리적, 시간적 제약을 상당 부분 해소해 주었습니다. 온라인 강의, 유튜브 튜토리얼, 챗GPT와 같은 AI 도구들은 언제든, 어디서든 원하는 지식을 습득하고 새로운 기술을 익힐 수 있도록 돕습니다. 과거에는 학교나 학원에 직접 찾아가야만 배울 수 있었던 것들을 이제는 집에서 편안하게 학습할 수 있는 시대인 것이죠. 이러한 기술의 발전은 5060세대에게 새로운 기회의 문을 활짝 열어주고 있습니다.

중요한 것은 나이가 아니라, 지금 이 순간 무엇을 원하고, 그것을 위해 무엇을 시작할 것인가 하는 '의지'와 '실행력'입니다. 막연한 불안감에 갇혀 있기보다는, 내가 무엇을 할 수 있을지, 무엇을 배우고 싶은지 구체적으로 고민하고 첫걸음을 내딛는 것이 중요합니다. 퇴직 후 30년이 꽃길이 될지, 지옥이 될지는 50대를 어떻게 사느냐에 달렸다는 전문가들의 조언처럼, 지금부터라도 구체적인 계획을 세우고 실행하는 것이 핵심입니다.

은퇴 준비는 단순히 돈을 모으는 것 이상의 의미를 가집니다. 그것은 남은 인생을 어떻게 가치 있고 행복하게 채워 나갈지에 대한 고민이자, 나 자신을 위한 가장 현명한 투자입니다. 지금 시작하더라도 절대 늦지 않습니다. 오히려 지금이야말로 인생을 주도적으로 변화시킬 절호의 기회입니다. 이 책이 그 변화의 시작점이 되기를 진심으로 바랍니다. 잠재된 무한한 가능성을 믿고, **'늦었다는 생각'이라는 가장 큰 장애물**을 과감히 뛰어넘어야 합니다.

2부

현명한 은퇴자들의 현실 조언

새로운 인생을 개척한 퇴직자들의 현실 조언

〈현명한 은퇴자들〉 유튜브 채널을 운영하면서 약 40명 이상의 퇴직자로부터 조언을 들을 수 있었습니다. 특히 김부규 작가(60대)는 2019년 가을부터 37명의 퇴직자를 인터뷰하며 그들의 경험을 책으로 엮었고, 이춘재 씨(60대)는 삼성전자 부장 퇴직 후 8년 차 경험을 나눴으며, 정도영 소장(50대)은 17년 차 커리어 컨설턴트로서 퇴직자들의 재취업과 창업을 지원해 온 경험을 공유했습니다.

김부규 작가는 자신도 퇴직 후 무엇을 할지 고민하던 중 많은 사람들이 퇴직 후 삶에 대한 정보에 목말라하고 있다는 사실을 깨달았습니다.

"저뿐만 아니라 많은 사람들이 정보에 목말라하고 있습니다. 내가 퇴직해서 뭘 할 수 있을까 하는 정보가 필요한데, 그런 수십만 가지 직종 중에서 내가 선택할 수 있는 길이 얼마나 될까

하고, 많은 사람들이 고민하고 있습니다. 하지만 정보를 가진 사람이 누군가에게 정보를 주면, 그중에서 '내가 한번 선택해 봐야지' 하고 찾아볼 수가 있는데, 그런 정보가 없더라고요."

 이러한 필요성을 느끼고, 자신뿐만 아니라 다른 예비 퇴직자들에게도 도움이 되고자 인터뷰를 시작했다고 합니다. 그중 가장 독특했던 두 사례를 소개했습니다.

 첫 번째는 철학관을 운영하는 분입니다. 직장생활을 하면서 짬짬이 전국 명산을 다니며 도인의 경지에 올라 있는 유명한 사람들을 찾아다니며 15년간 공부한 분이었습니다. 퇴직 후 바로 철학관을 열었고, 코로나 이전에는 상담을 통해 수입이 쏠쏠했다고 합니다. 기업체에서도 많이 찾아왔지만, 코로나로 인해 힘든 시간을 보내기도 했습니다.

 두 번째는 시니어 모델로 활동하는 분입니다. 59세의 여성으로, 직장생활을 하면서도 짬짬이 모델 연습을 하고 학원도 다니다가 퇴직 후 본격적으로 모델 활동을 시작했습니다. 최근 7월에 젊은 사람들과의 경쟁에서 큰 상을 받았습니다. 주변에서는 그 끼를 어떻게 그동안 숨기고 살아왔냐며 놀라워했다고 합니다.

 이춘재 씨는 부장 생활을 10년 정도 하다가 54세에 퇴직했습니다. "저는 부장 생활을 10년 정도 했고, 이제나 임원이 될까

기다리던 시기였는데, 연말 조직 개편 때 제 자리가 없어져 버렸습니다. 이것이 퇴직하라는 소리구나 하고 그때 감이 왔습니다. 그동안 퇴직 준비를 한 번도 해본 적이 없었습니다. 평생직장으로 생각하고 열심히 일만 하다가 날벼락 맞듯이 통보를 받아 2년 정도 더 견딘 후 결국 희망퇴직을 하게 되었습니다."

이춘재 씨는 회사에서 일거리를 주지 않는 상황에서도 자신의 전문 지식을 살려 스스로 일거리를 만들어 1년간 버텼지만, 결국 퇴직을 결심했습니다. 그 후 자격증 취득 등 준비를 하려 했으나 실질적인 도움이 되는 자격증을 찾기까지 시행착오를 겪었습니다.

그러나 자격증만으로는 바로 일자리를 구하기 어렵다는 현실에 직면했습니다. "자격증을 따고 나서 '내가 자격증 땄으니까 나를 찾는 기관들이 있을 것이다, 연락이 많이 오겠구나' 하고 멍청하게 1년을 기다렸는데 일거리가 하나도 오지 않았습니다."

이춘재 씨는 자격증 취득 후에도 적극적인 구직 활동과 프로필 제출 등 후속 조치가 필요하다는 것을 깨달았습니다. 퇴직자들의 재취업과 창업을 지원하는 일을 하고 있는 정도영 소장(50대)도 비슷한 의견을 전했습니다. 17년 차 커리어 컨설턴트인 그는 퇴직 후 현실에 대해 솔직하게 이야기합니다.

"우리나라 사람들은 아침에 일어나서 해야 할 일이 정해져 있는 것을 선호합니다. 직장생활을 30년 정도 하면 개인으로서의 자유를 뺏기는 경우가 있어요. 조직이 주는 틀을 편안하게 생각하고, 거기서 모든 것이 정해지는 것이 익숙하고 쉬운 환경이 됩니다. 그런데 퇴직 후 하루를 마음대로 기획하라고 하면, 한 달 정도는 여행도 다니고 친구도 만나며 괜찮을 수 있지만, 시간이 지나면 할 만한 것들이 생각보다 많지 않습니다. 더구나 다른 사람들은 다 일하고 있어요."

김부규 작가도 퇴직 후 노는 것만으로는 만족감이 오래가지 않는다는 사실을 여러 인터뷰에서 확인했습니다. 한 퇴직자는 퇴직 직후 아파트 베란다에서 분주하게 출근하는 사람들을 내려다보며 "나는 뭐 하는 사람이지?" 하는 상실감을 느꼈고, 이를 극복하기 위해 절에 가서 108배를 하면서 정신 수양을 했다고 합니다.

"노는 것도 처음에 퇴직하면 한두 달까지는 행복감이 매우 높아지지만, 석 달 정도 지나면 좀이 쑤시고 지루하고 싫증이 나기 시작합니다." 김부규 작가가 힘주어 강조합니다.

정도영 소장도 비슷한 이야기를 합니다. "처음에는 마음대로 노는 것이 좋지만, 한 달쯤 지나면 시큰둥해집니다. 더구나 배우자가 같이 가주거나 같이 갈 친구가 있으면 모르겠지만, 그게 아니면 할 만한 것들이 많지 않아요. 생애설계 프로그램에서 '일과를 적어보라'고 하면, 남편들은 10시, 11시까지는 적지만 그 이후로는 할 일이 없어요. 반면 아내들은 친구 만나고, 주민센터 가고, 시댁에 가는 등 하루가 꽉 차게 계획을 세웁니다."

화물차 운전을 하는 인터뷰이도 퇴직 후 3개월간 쉬다가 아내와의 갈등이 생기기 시작했다고 합니다. "'삼식이'라고 불리며 집에만 있으니 가족들이 짜증을 내기 시작합니다. 그러다 보면 우울증이 찾아올 수 있어요. 그래서 일을 해야겠다는 생각이 들게 됩니다."

정도영 소장은, 특히 사무직이나 관리직을 했던 사람들이 퇴직 후 방황을 많이 한다고 합니다. "현장이나 엔지니어 출신들은 유사한 분야로 가려고 하는데, 사무직이나 관리직을 하셨던 분들은 특별한 기술이 없어 고민이 많아집니다."

김부규 작가는 퇴직을 1년 앞둔 이들에게 가장 먼저 자신을 아는 것이 중요하다고 조언합니다.

"자기가 뭘 좋아하고, 하고 싶은 게 무엇인지 찾는 것이 가장 급선무입니다. 도서관이나 서점에 가셔서 관심 분야 책 5권 정도를 읽어 보시길 권유합니다. 그 분야에 관심이 가면 다시 10~15권 정도 더 읽어보세요. 책을 20권 정도 읽게 되면 자연스럽게 길이 보이게 됩니다. 만약 길이 보이지 않는다면 처음부터 다시 시작하면 됩니다."

정도영 소장은 미리 준비하는 것의 중요성을 강조합니다. "퇴직하시는 분이 퇴직 이후에 뭘 할지를 알고 있기만 해도 반은 먹고 들어가는 출발이라고 봅니다. 굉장히 많은 분들이 주된 경력을 이탈한 이후에 뭘 해야 할지 스스로 엄두를 못 내는 경우가 많습니다."

그는 또한 유망 자격증에 대한 환상을 경계해야 한다고 조언합니다. "유망 자격증으로 검색하면 굉장히 다양하고 독특한 자격증들이 많이 나오지만, 실제로 재취업에 도움이 되느냐고 물어보면 의심스러운 경우가 많습니다. 자격증을 갖고 있음에도 취업이 잘 안 되는 분들이 굉장히 많습니다."

퇴직 후 취업 시장의 현실도 녹록지 않습니다. "미래에셋 설문조사에 따르면 5060세대의 평균 재직 기간이 1년 반에 불과하고, 60대만으로 한정하면 1년 이내로 줄어듭니다. 특별한 준비 없이 흘러가게 되면 직업적 변화가 심한 영역에서 계속 직장이나 직업을 바꾸는 상황에 부닥치게 됩니다."

따라서 정도영 소장은 "충실한 준비가 더욱 중요해졌다"고 강조합니다. "미리미리 조금 대비해서 다음 수순을 용이하게 밟을 수 있을 때만 좀 더 여유 있는 생활을 할 수 있게 됩니다."

인터뷰한 37명의 퇴직자의 경험을 바탕으로, 김부규 작가는 퇴직을 앞둔 이들에게 다음 5가지 조언을 전합니다.

① 진짜 해보고 싶었던 일이 아니라면 섣불리 덤벼들지 마세요. 충분히 **공부하고 경험을 쌓은 후에 시작**하세요. 준비를 많이 한 사람들은 적응 기간 없이 바로 안착했습니다. 온라인 판매나 펜션 사업 등도 철저히 준비한 사람들은 빠르게 성공했습니다.

② 무엇보다 **좋아해야** 합니다. 좋아하지 않으면서 돈만 벌겠다고 하면 오래 가지 못합니다. 좋아하니까 어려움도 극복할 수 있는 길이 생깁니다. 도배 기술자나 철학관 운영자, 버스 기사 등 모두 자신이 좋아하는 일을 하기 때문에 성공할 수 있었습니다.

③ **긍정적인 마음가짐**이 중요합니다. 힘들다고 짜증 내면서 일하기보다 긍정적으로 생각하면서 즐겁게 일하다 보면 뜻밖의 좋은 일이 생깁니다. 한 버스 기사는 승객들에게 "반갑습니다, 안녕하세요, 좋은 아침입니다" 인사하는 것만으로도 많은 사람들에게 인정받고 선물도 받았습니다.

④ 노는 것 위주의 취미생활은 금방 싫증이 납니다. **생산적인 활동**을 해야 오래갑니다. 일을 하면 금전적 보상도 따

라오고, 그것을 통해 다른 즐거움도 누리고 주변 사람들에게 베풀 수도 있습니다. 퇴직 후 계속 노는 것은 한 달, 두 달은 좋지만 석달이 지나면 지루해지고 우울해질 수 있습니다.

⑤ **"나오면 뭐 할 게 있겠지"**라는 생각은 절대 금물입니다. 많은 퇴직자가 준비 없이 나와서 어려움을 겪었습니다. 미리미리 준비해야 합니다. 토지 보상 전문 행정사로 일하는 인터뷰이는 "더 일찍 시작했으면 좋았을 텐데"라며 아쉬워했습니다. 직장생활에만 매달리지 말고 여유를 두고 제2의 인생을 준비해야 합니다.

6 퇴직 후 99%의 인맥이 끊기고 나서야 삶을 돌아본다

"퇴사는 사회적 죽음이다."

정선용(50대) 전 유통업계 대기업 임원은 이렇게 표현했습니다. 그가 말한 사회적 죽음은 단순한 은유가 아니었습니다. 그것은 25년간 쌓아온 직장생활의 모든 것이 하루아침에 사라지는 현실을 의미했습니다. 그는 직장생활의 가장 좋은 점을 '월급, 명함, 인맥' 세 가지로 요약했습니다.

첫째, **월급**입니다. 매월 정기적으로 들어오는 고정 소득은 가족의 삶을 지탱해 주는 가장 기본적인 바탕이 됩니다.

둘째, **명함**입니다. 회사에서 주는 명함은 사회적 지위를 상징합니다. 미팅에서 명함을 교환하는 순간, 상대방은 나의 위치를 파악하고 그에 맞는 태도를 보입니다. 굳이 자신을 설명할 필요가 없습니다. 명함 하나로 모든 것이 전달됩니다.

셋째, **인맥**입니다. 직장에서 만나는 동료, 선배, 후배뿐만 아니라 협력 업체, 정부 기관 등 다양한 관계가 형성됩니다. 시간이 지날수록 인맥은 넓어지고, 어느 자리에 가든 교류할 수 있는 사람들이 생깁니다.

그러나 퇴직과 동시에 이 모든 것이 "순식간에 사라진다"라고 그는 말했습니다. "임원이면 부하 직원들이나 연락이 오지 않나요? 명절 때 카톡이라도 오지 않나요?"라는 질문에 정선용 씨는 단호하게 답했습니다. "관계를 유지하고 있는 건 1% 정도예요. 99%는 사라집니다." 그 이유는 다양했습니다.

첫째, **라이프스타일의 변화**입니다. 퇴직자와 현직자의 시간대가 맞지 않습니다. 현직자들이 열심히 일할 때가 퇴직자에게는 가장 여유로운 시간입니다. 삶의 방식이 달라지면서 서로의 접점이 사라집니다.

둘째, **이해관계의 변화**입니다. 명함과 사회적 역할을 잃어버리면 더 이상 관계 유지를 통한 이득이 없다고 판단하여 '손절'하는 경우도 많습니다.

"처음에는 서운했지만, 이제는 그냥 사회적 죽음이라고 생각해요."

강찬영(60대) 전 해운회사 임원은 27년간 회사에 다니다 은퇴한 후 경험한 인맥 단절을 다른 방식으로 설명했습니다.

"퇴직 후에는 예전처럼 남에게 보여주는 삶을 살 것인지, 내가 진정으로 원하는 삶을 살 것인지 결정해야 합니다. 직장생활 동안 30년 가까이 남의 시선을 의식하며 살았지만, 이제는 그런 것에서 벗어나려고 합니다."

그의 아내인 박경옥 씨가 쓴 〈오늘 남편이 퇴직했습니다〉라는 책을 보면, 강찬영 씨는 한진해운이라는 대기업에서 퇴직한 후 기존 인맥을 통해 재취업을 시도했으나 결국 실패했습니다. 퇴사 후 4개월 정도 쉬다가 중소기업의 부사장으로 일하기도 했지만, 추진하던 프로젝트가 무산되면서 다시 회사를 나와야 했습니다. 이후 그의 재취업 도전은 2년여 동안 계속됐습니다.

인맥을 통한 재취업 가능성도 물었습니다. 협력 업체와의 인맥을 통해 기회가 주어질 수 있지 않느냐는 질문에 정선용 씨는 다음과 같이 답했습니다.

"기회는 많죠. 하지만 대부분 한정된 시간뿐입니다. 50대, 60대가 재취업을 하더라도 평균 근무 기간은 1년 6개월에 불과해요."

그는 주변에서 본 최장 재취업 사례가 9년이라고 했습니다. 대부분은 회사에 적응하지 못하고 3개월, 6개월 만에 떠납니다.

강찬영 씨도 비슷했습니다. 그는 인맥에 기대어 약속받았던 자리가 어그러지는 경험을 했습니다. 협력 업체 사장들에게 연락했지만, 결국 그런 인맥은 아무 소용이 없었습니다. 2년 간의 재취업 도전 끝에 그는 결국 택배 분류 일을 선택했습니다.

  강찬영 씨는 퇴직 후 새로운 인맥과 관계에 대해 다른 관점을 제시했습니다. 그는 해운회사에서 27년간 일하다 퇴직한 후, 동종 업계에서 1년 2개월 더 일한 뒤 최종적으로 회사 생활을 접었습니다. 그 후 2년간 고민 끝에 그는 택배 분류 일을 시작했습니다. 이는 기존 인맥이나 인간관계에 의존하지 않는 전혀 새로운 선택이었습니다.

  강찬영 씨는 인맥에 의존해 약속받았던 자리들이 무산되는 경험을 반복하면서, 더 이상 과거의 인맥에 기대지 않기로 결심했습니다. 이것은 위기였지만 동시에 자신의 진정한 모습을 찾아가는 기회이기도 했습니다.

  "제가 하루 8시간 이상 일하면서 동시에 공부도 하기에는 무리가 있었습니다. 그래서 오후에만 일하고 오전에는 개인 시간을 공부하는 데 활용하는 방식으로 삶을 재구성했습니다."

  정선용 씨와 강찬영 씨는 공통으로 직장 인맥이 사라진 대신, 가족과의 관계가 더욱 중요해졌다고 말했습니다. 강찬영 씨는 아내와의 관계에 대해 다음과 같이 말했습니다.

  "직장 다닐 때는 주말에도 골프 접대를 가거나 일이 있어서 가족과 함께하는 시간이 부족했습니다. 퇴직 후에는 거의 24시간을 아내와 함께 보냈습니다. 산에도 같이 가고, 영화관에도 같이 가고요."

그는 심지어 아내가 하는 인문학 공부에 관심을 두게 되어, 대학교에 등록해 4년 과정을 마치기도 했습니다. 직장 인맥은 사라졌지만, 가족과의 관계는 더욱 깊어진 것입니다.

"퇴직하고 부부가 함께 있는 시간은 아주 중요한 시간입니다. 서로 융화되어야 하는 시간이죠. 직장 다닐 때는 하루에 4시간 이상을 함께 있는 경우가 거의 없었는데, 이제는 새로운 인생 2막을 부부가 함께 시작하게 됩니다."

물론 갈등도 있었습니다. 오랜 직장생활 동안 익숙해진 습관이나 자기중심적인 행동들이 가정에서는 문제가 되기도 했습니다. 하지만 이러한 갈등을 통해 서로를 더 이해하고 새로운 관계를 형성해 나갔습니다.

"아무리 높은 자리에 있었던 사람이라도 일상을 살아야 합니다. 밥도 하고 빨래도 하고 자기 의식주는 자기가 스스로 해결해야 한다는 것이 중요합니다."

7 59세 사업 실패 후
마음 지옥에서 탈출하다

"처음으로 친정인 해태제과가 브랜드 웹툰을 네이버에 연재한다고 저한테 요청이 와서 창업을 시작하게 됐습니다. 그래서 처음에는 아주 승승장구 네이버에서 1등 웹툰으로 상도 받고 그 다음에 제작비도 두 배로 인상해서 받아서 언론에도 소개되고 잘나갔던 회사 사장이었습니다."

김병헌 원장(60대)은 둘리, 오세암, 태권브이 등 우리나라 대표 애니메이션 작품들의 성공에 이바지했고, 57세 퇴직 후 창업한 웹툰 제작 회사도 승승장구했습니다.

하지만 성공에 취해 방심했던 것이 화근이었습니다. 회사 경영에 집중하지 못하고 다른 일에 에너지를 분산시키면서 스타트업의 생명선인 대표의 몰입도가 떨어졌고, 결국 투자금이 고갈되면서 17개 작품을 모두 버려야 하는 상황에 이르렀습니다.

"대선 주자 출정식 캐리커처도 그려주고, 거기 총감독도 하고 또 대표이사가 공동 대표이다 보니까 CFO에 회사도 맡기고 주로 의장 비슷하게 밖으로 이렇게 에너지를 쓰다 보니까….”

즉 웹툰 제작 회사의 핵심 업무에 집중하지 않고 정치 관련 캐리커처 작업과 대외 활동에 시간과 에너지를 분산시킨 것이 회사 실패의 주요 원인 중 하나였다고 회고하고 있습니다.

가장 그를 힘들게 했던 사실은 경제적 파탄으로 집까지 경매에 넘어가고 가족들에게 피해를 준 현실이었습니다. 회사 다닐 때도 비서가 이메일도 보내주고 출퇴근도 운전기사가 편하게 데려다주던 경영진 역할만 하다가 생활 전선에 뛰어드는 것은 커다란 용기가 필요했습니다. 그는 용산구청을 통해 일자리를 찾아 나섰습니다. 하지만 현실은 냉혹했습니다.

"제 나이에 할 수 있는 일이 없더라고요. 경비원 그다음에 학교 보안관 그다음에 아파트 경비 면접을 번번이 봤지만, 이력서 보니까 뭐 단체장도 하고 기관장도 하고 학교 교수도 한 사람이 이거 할 수 없다고 면접에서 다 떨어지는 거예요.”

결국 마포 노인복지센터를 통해 용산 이마트 카트 정리원으로 일하게 되었습니다. 월급 168만 원, 오전 8시부터 밤 11시까지 힘든 노동이었지만, 그에게는 특별한 의미가 있었습니다. 이 어려운 시기를 통해 김병헌 원장은 인생을 바꾼 세 가지 선물을 발견했다고 말합니다.

첫 번째는 정화의 선물이었습니다. "월급은 고작 168만 원이었지만 정말 신성한 노동이었고, 작가 사무실 및 숙소로 얻었던 빌라 근처 길거리에 떨어진 담배꽁초를 주우면서 제 자존감이 올라가는 걸 느꼈어요." 담배꽁초를 줍는 행위를 통해 마음의 쓰레기와 교만했던 마음들이 정리되어 갔다고 합니다.

두 번째는 독서 습관의 선물이었습니다. 퇴직 후 새롭게 시작한 책 읽기가 그의 삶을 완전히 바꿔놓았습니다. 매일 새벽 4시 30분에 일어나 명상, 마음 공부, 투자 공부하는 습관을 3년 넘게 지속하고 있습니다. "목표를 세우고 열정을 갖는 것도 중요하지만 포기하지 않고 끈기와 인내를 갖는 게 성공의 전부더라고요."

세 번째는 겸손의 선물이었습니다. 과거의 성공에 취해 있던 자만심을 내려놓고, 잘못을 인정할 줄 아는 용기를 얻었습니다. "가족회의에서 제가 무릎을 꿇고 아빠가 인정한다, 잘못했다라고 가족들에게 용서를 구했어요. 그래서 지금도 그 용기를 낸 나 자신에게 굉장히 고마움을 느끼죠."

지금 김병헌 원장은 머니 코치로 활동하며 투자 관련 책 150여 권을 읽고 유튜브를 통해 다른 사람들에게 긍정의 에너지를 전달하고 있습니다. 과거의 화려한 경력보다는 바닥에서 얻은 진정한 깨달음을 바탕으로 새로운 인생 2막을 시작했습니다.

"책 속에 가장 큰 멘토들이 많더라고요. 저는 지금 투자 세계 멘토도 책 속에서 만나서 후배들한테 그리고 주변에 이게 필요한 사람들한테 유튜브 낭독으로 내가 경험한 시행착오와 깨달음을 나누며 다른 사람들에게 희망을 전하고 있습니다."

5년 전 마이너스 10억의 절망적 상황에서 김병헌 원장은 현재 플러스 10억 이상의 자산가로 변신했습니다. 고정 근로소득과 함께 스타트업 투자, 주식 투자, 암호화폐 투자 등 다양한 포트폴리오를 구성하며 안정적인 자산소득 기반을 만들어 가고 있습니다.

"지금 저는 강의하고, 자문하고, 급여까지 받는, 말 그대로 투잡, 쓰리잡, 포잡까지 해서 여러 가지 고정 근로소득이 있습니다. 그리고 투자자산에서 들어오는 수익이 있는데요, 그간의 경험을 살려 웹소설, 웹툰 같은 스타트업 다섯 개 기업에 투자하고 있습니다. 제 금융자산이 한 10억 이상이 되어서 지금은 두 배 이상 자산이 늘어나고 있는 것 같아요."

김병헌 원장이 강조하는 변화의 첫 번째 단계는 내면의 성찰입니다. "내 마음을 들여다보지 않았더라면, 또 내 마음에 있는 그 여러 가지 오만과 교만과 잘난 체하는 마음을 내려놓지 않았더라면 성공적인 변화를 만들어낼 수 없었을 것입니다. 인생을 게임이라고 봤을 때 외부보다는 내면의 게임, 내면의 나를 알아

차리지 않으면 세상의 변화를 알기가 참 어렵거든요."

매일 아침 3년 넘게 지속하는 그의 루틴은 다음과 같습니다. 새벽 4시 30분 기상 후 30분간 양자장 접속 명상, 오늘 만날 사람들에 대한 감사 표현, 20가지 긍정 질문을 통한 어퍼메이션, 그날의 우선순위 3가지 목표 설정으로 하루를 시작합니다.

"은퇴한다는 것은 정말 그 조직으로부터의 해방이기 때문에 저희는 만세를 불러야 한다고 생각해요. 그런데 이제 저희가 100세 시대에 살다 보니까 80까지는 경제적 활동을 해야 하잖아요."

김병헌 원장은 퇴직자들에게 세 가지 부자가 되라고 조언합니다. 첫 번째는 건강 부자, 두 번째는 마음 부자, 세 번째는 돈 부자입니다. 특히 투자 공부의 중요성을 강조하며 "진정한 자유는 자산소득으로부터 나온다"라고 말합니다.

"정말 시간적, 경제적으로 자유로워지고 싶다면 저는 아주 적은 자금이라도 자산소득에 투자해야 자유를 찾을 수 있다고 생각합니다. 그래서 공부를 통해서 자산소득으로 노후에 경제적 안전망을 마련하는 게 꼭 필요하다고 믿고 있습니다."

8 회사에 온몸 바쳤던 퇴직자의 늦은 후회

〈현명한 은퇴자들〉 채널에서 만난 두 명의 퇴직자는 각각 다른 분야에서 30년 이상을 몸 바쳐 일했지만, 퇴직 후 비슷한 후회를 안고 살아가고 있습니다. 김상진 작가(전 롯데 상무)는 34년간 외식업계에서, 김주난 작가(전 직업군인)는 30년간 군 복무를 했습니다. 두 사람 모두 조직에 전념했지만, 정작 자신의 미래는 제대로 준비하지 못했다는 공통된 아쉬움을 토로했습니다.

이들의 이야기는 현재 직장생활을 하는 많은 사람들에게 중요한 교훈을 던져줍니다. 회사에 충성하며 열심히 일하는 것도 중요하지만, 언젠가는 조직을 떠나야 한다는 현실을 직시하고 미리 준비해야 한다는 것입니다.

김상진 작가는 화장품 회사 3년, 롯데그룹 25년 등 총 34년간 직장생활을 했습니다. 그중 4번의 퇴사를 경험했는데, 3번은 자발적이었지만 1번은 권고사직이었습니다. 특히 롯데에서 권고사직을 당했을 때의 충격은 컸습니다.

회사에서는 항상 주인의식을 가지라고 교육받았고, 그렇게 일하면 승진도 빠르고 연봉도 올라갈 것이라 믿었습니다. 실제로 롯데 임원까지 올랐고 연봉도 2억 원대를 받았지만, 세금을 제하고 나면 생각보다 여유 자금은 많지 않았습니다.

"한 1년 동안은 엄청 힘들었어요. 내가 스스로 회사를 그만둔 게 아니라 타의에 의해서 그만두었기 때문에 받아들일 수가 없었죠. 왜냐하면 나는 회사에 할 만큼 했다고 생각하고, 좀 더 하고 싶은 욕심이 있었거든요. 근데 조직은 저를 원하지 않았던 거죠."

김상진 작가가 특히 후회하는 것은 회사를 위해 쏟았던 그 엄청난 에너지와 시간을 자신의 미래를 위해 투자하지 못했다는 점입니다. 월급 받은 만큼만 일하는 사람은 아무도 좋아하지 않기 때문에 항상 월급의 3배는 회사에 기여해야 한다는 마인드로 일했지만, 정작 그 열정의 대가로 자신에게 돌아온 것은 권고사직 통보였습니다.

그렇게 열심히 일했지만 결국 조직의 결정에 따라 갑작스럽게 퇴사해야 했고, 그때서야 "어차피 우리는 주인이 아닙니다"라는 냉혹한 현실을 깨달았습니다.

김주난 작가는 육군사관학교를 졸업하고 30년간 군 복무를 했습니다. 육사에 들어갈 때는 누구나 장군이 되겠다는 꿈을 품지만, 현실은 달랐습니다. 중령으로 53세에 전역하면서 깊은 좌절감을 느꼈습니다.

진급이 막히자 아프가니스탄 파병을 두 번이나 다녀왔지만, 그것도 "어떻게 보면 도피라고 할 수 있겠죠"라고 회고합니다. 군이 전부인 줄 알고 앞만 보고 달려왔지만, 정작 전역 후 삶에 대한 준비는 전혀 되어 있지 않았습니다.

"군이 전부인 줄 아는 거예요. 군대가 전부라는 생각을 갖는다는 거죠. 그래서 앞만 보고 가는 거예요. 동기들하고 경쟁해서 내가 싸워 이겨야 한다, 그러면 내가 별을 달 수 있다는 강박관념 경쟁 속에서 살다 보니까 사람이 지치고…."

김주난 작가의 이야기에서 특히 안타까운 부분은 독서를 하지 않아서 시야가 좁았다는 고백입니다. "그 초라함도 제가 그 전부터 독서를 좀 하고, 마음 관리를 하면서 영혼을 수양하고 잘 다듬어 갔으면 덜했을 텐데, 독서를 안 하다 보니 군이 전부인 줄 아는 거예요."

책을 읽지 않다 보니 다른 사람을 배려하는 생각이 부족했고, 오직 동기들과의 경쟁에만 매달렸습니다. 그 결과 진급에서 밀려났을 때 "나는 초라하다, 나는 패배자다"라는 생각에 빠져들었습니다.

두 사람 모두 조직 내 정치의 중요성을 뒤늦게 깨달았습니다. 김상진 작가는 "직장생활은 정치"라고 단언하며, 부장급 이후부터는 정치가 핵심이라고 말했습니다.

"부장급 이후부터는 정치가 필요한데, 제 성격이 정치를 잘 못해요. 정치를 하려면 술, 담배 이런 것도 해야 하거든요. 저는 술이 몸에 잘 안 받아요. 그래서 술자리는 꼭 가야 될 자리만 가다 보니 인맥이 아웃사이더로 가는 거죠."

일만 열심히 하는 사람보다 술자리에서 정치적 발언을 하는 사람들이 살아남는 현실을 목격했지만, 자신의 성향을 바꾸기는 어려웠습니다.

"자주 본 사람을 자르겠습니까, 가끔 본 사람을 자르겠습니까?"라는 그의 말이 조직의 냉혹한 현실을 보여줍니다. 외식업계에서는 특히 술자리의 중요성이 크다고 합니다. 업무 능력도 중요하지만, 결국 사람과 사람 사이의 관계가 승진과 생존을 좌우한다는 것입니다. 하지만 김상진 작가는 체질적으로 술이 맞지 않았고, 다음날 업무에 지장을 주는 것이 싫어서 꼭 필요한 자리만 참석했습니다. 그 결과 인맥에서 소외되었고, 결국 권고사직의 대상이 되었습니다.

김주난 작가는 전역 전에 미군 부대 군무원 자리를 알아봤지만, 진정성 있는 준비를 하지 않았습니다. "절실하지 않았던 거 같아요. 또 미군 부대에 들어가면 조직 속에서 나를 모니터링하는 사람들이 있을 텐데, 내가 견뎌낼 수 있을까"라는 생각으로 다섯 번의 면접을 모두 성의 없이 봤고, 결국 모두 떨어졌습니다.

어떤 사람들은 시나리오를 잘 작성하고 외워서 면접을 완벽하게 준비하지만, 김주난 작가는 그냥 갔다고 합니다. 내심 또 다른 조직에 들어가는 것에 대한 거부감이 있었던 것 같습니다. 30년간 조직생활에 지쳐서 자유로워지고 싶었지만, 현실적으로는 생계를 위해 또 다른 조직에 들어가야 하는 상황이 답답했던 것입니다.

그렇게 1~2년이 지나면서 아무런 준비 없이 전역하게 되었고, "스스로 초라하다고 느꼈어요"라고 당시의 심정을 털어놓았습니다. 대학생인 자녀 둘과 전업주부인 아내를 책임져야 하는 상황에서 앞으로 어떻게 생계를 꾸려 나갈지에 대한 막막함이 초라함을 배가시켰습니다.

김상진 작가 역시 비슷한 후회를 털어놓았습니다. "회사에 쏟아부었던 열정을 나의 제2의 인생을 준비하는 데 썼더라면 얼마나 좋았을까. 제가 그게 좀 너무 속상한 거죠."

하지만 두 사람 모두 뒤늦게나마 새로운 도전을 시작했습니다. 김상진 작가는 책을 써서 자신의 경험을 나누고 있으며, 현재는 대학원에 진학해서 지식을 더 축적하려고 합니다. "대학원을 좀 다녀서 지식을 좀 더 축적하고 그 축적된 지식을 가지고 좀 더 많은 사람들에게 도움을 주자"는 로드맵을 세웠습니다.

하지만 나이가 들어서 공부하는 것이 쉽지 않다고 솔직하게 인정합니다. "지금 이 나이에 대학원을 다니려고 하니까 한심한 거예요. 머리도 나쁜데 나이 먹어서 공부한다는 게 사실 무모한 도전일 수도 있어요." 그런데도 "하루라도 빨리 뭔가 제2의 인생에 도전해야 되지, 오십을 만땅 채워서 한다는 건 정말 어렵습니다"라고 조언합니다.

김주난 작가는 58세에 건축시공기술사라는 어려운 자격증을 취득했습니다. "서울대 공대 나온 사람들도 그 자격증을 따고 싶어 하고 연대, 고대, 뭐 지방대 공대 출신들도 다 그 자격증을 따고 싶어 하죠." 3년간 도서관과 학원에서 도를 닦는다는 심정으로 공부한 결과였습니다.

그는 현재 건설사업관리 단장으로 일하면서도 매일 퇴근 후 도서관에서 2시간씩 책을 읽고 있습니다. "그 책의 내용 중에서 제가 앞으로 새기면서 실천해야겠다는 것들을 꼭 노트에 기록하죠." 그는 80세까지 전문가로 활동할 수 있는 기반을 만들어

가고 있습니다.

두 사람의 경험에서 나오는 공통된 메시지는 명확합니다. 조직에 모든 것을 걸지 말고, 일찍부터 제2의 인생을 준비하라는 것입니다.

김상진 작가는 "60에 도전할 거냐, 55세에 도전할 거냐, 이거 정말 중요하거든요"라며 조기 준비의 중요성을 강조했습니다. 아무리 열심히 일해도 "어차피 우리는 주인이 아니"라는 현실을 받아들이고, 그 에너지의 일부를 자신의 미래에 투자해야 한다는 것입니다.

특히 임원급에 올라간 사람들일수록 더 큰 상실감을 느낀다고 합니다. "임원을 하셨던 분들은 내려놓기가 좀 시간이 걸리더라고요. 죽을 때까지 안 될 거예요." 명예와 지위에 대한 욕구가 클수록 퇴직 후 적응이 더 어렵다는 것입니다.

김주난 작가는 습관의 힘을 강조했습니다. "습관이라는 게 무섭습니다. 습관은 모든 것을 이루게 하거든요. 사람들이 대부분 중간에 멈추죠. 그래서 힘든 거거든요." 꾸준함이 재능보다 중요하다는 것을 몸소 보여줬습니다.

또한 독서의 중요성도 강조했습니다. "책을 읽으면 그나마 '아 그렇구나'라는 생각을 하는데, 그런 마인드가 좀 부족했던 거죠. 책을 안 읽어서." 시야를 넓히고 다른 사람을 이해하는 능력을 기르기 위해서는 꾸준한 독서가 필요하다는 교훈을 전했습니다.

창업하지 마라, 배당주 투자해라

〈현명한 은퇴자들〉 채널에서 만난 두 명의 배당투자 전문가는 퇴직 후 창업 대신 안정적인 배당투자를 강력히 추천했습니다. 평온(50대, 직장인)은 마이너스 2,500만 원에서 시작해 현재 순자산 40억 원을 만들어 월 배당금 311만 원을 받고 있으며, 리치노마드(50대, 배당투자 유튜버)는 23년간 대기업에서 근무하다가 13년 전부터 배당주 투자를 시작해 현재 월 500만 원 이상의 배당금으로 경제적 자유를 달성했습니다.

평온의 인생은 결코 평탄하지 않았습니다. "집안이 굉장히 어려웠습니다. 그래서 장학금을 받기 위해서 공고를 갔고요. 공고 가서 생산직으로 일을 했는데, 그렇게 해서 모은 6개월 치 월급을 도둑맞았어요."

절망적인 상황에서 그는 마이너스 2,500만 원으로 새로운 출발을 했습니다. "그때 은행에서 신용대출을 2천만 원 받았고,

월세를 내야 해서 500만 원을 빌려서 2,500만 원을 빚으로 시작했었는데, 꾸준하게 주식 투자하고 저축하고 하면서 현재는 순자산이 한 40억 원 정도 됩니다."

현재 그의 투자 목표는 명확합니다. "제 투자 목표는 S&P 500을 이기는 것입니다. S&P 500을 이기면서 4% 이상 배당을 받는 것이 투자 목표고요." 4% 배당을 선택한 이유도 합리적입니다. "4% 룰이라는 게 있습니다. S&P 500 지수에 투자해서 매년 4%씩 주식을 팔아서 생활하면 원금이 계속 늘어난다는 것입니다. 그런데 매년 4%씩 주식을 팔아서 생활한다는 게 마음에 들지 않았습니다. 4% 이상의 배당을 받으면 주식을 팔지 않아도 되니까요."

평온은 현재 월 311만 원의 배당금을 받고 있습니다. 주요 보유 종목은 모두 미국 ETF로, 대략 "JEPI가 40만 원, JEPQ가 30만 원, SCHD가 25만 원, DIVO가 22만 원, REALTY INCOME이 22만 원" 정도입니다.

그의 배당금 증가 과정은 점진적이었습니다. "저도 맨 처음 시작할 때는 배당금이 5만 원, 10만 원 이렇게 시작했었죠. 그리고 제가 블로그에도 기록했지만, 어느 순간에 50만 원, 100만 원, 200만 원까지 계속 올라갔었습니다."

평온은 직장인들이 월 100만 원 배당금을 만드는 구체적인 방법을 제시했습니다. "월 100만 원 배당금은 굉장히 큰돈입니다. 5% 수익률이라고 해도 원금이 한 2억 4천만 원 정도 있어야 합니다."

하지만 더 효율적인 방법이 있습니다. "배당률을 5%에서 8% 정도로 올리는 방법이 있습니다. 그렇게 하기 위해서는 JEPI하고 SCHD 두 종목에 투자하는 방법이 있습니다. JEPI는 JP모건에서 운영하는 커버드콜인데 이게 약 10% 정도 월 배당이 나오는 종목이고, SCHD는 약 3.5% 정도 배당을 줍니다. 이 두 개를 7 대 3 정도로 조합하면 약 8% 배당률이 나오기 때문에 월 100만 원을 맞추기 위해서는 1억 5천만 원 정도의 투자금이 있으면 됩니다."

다만 그는 초고배당 상품에 대해서는 경계했습니다. "일드맥스란 초고배당 커버드콜이 있습니다. 이 배당률이 60%니 30%니 하는데, 일드맥스는 개별주 커버드콜옵션 투자이기 때문에 배당이 굉장히 불안정합니다. 주가가 빠지면 배당도 너무 많이 빠지고요."

평온이 가장 강조하는 것은 퇴직자들의 창업에 대한 경고입니다. "저는 퇴직하는 분들이 장사를 하겠다고 하면 정말 진심으로 말리죠. 그래서 제 책 〈월 50만 원으로 8억 만드는 배당머신〉에도 그런 말을 썼었는데, 제가 선배에게 질문했었죠. 장사해서 망할 확률과 미국이 망할 확률 중에 어느 쪽이 높으냐고요. 다 미국이 안 망할 거라고 이야기하거든요."

그는 창업의 위험성을 수치로 설명했습니다. 2023년 통계를 보면 창업 기업의 5년 차 폐업률은 66.2%로, 이는 10개 창업 기업 중 약 7개가 5년 이내에 문을 닫는다는 의미입니다. 또한 2023년 전체 폐업 사업자는 98만 6천 명으로, 전년 대비 13.7% 증가하여 2006년 이후 가장 큰 규모를 기록했습니다. "왜냐하면 5060세대가 정말 평생 번 돈 같은 퇴직금으로 장사를 시작하면 굉장히 리스크가 크거든요. 장사에 퇴직금을 쏟아붓는 것보다는 차라리 미국 배당주에 투자해서 월 현금 흐름을 만들어서 그 현금 흐름으로 생활하고, 부족하면 아르바이트를 하는 것이 5060세대가 훨씬 더 안정적인 노후를 준비하는 데 좋다고 생각합니다."

평온은 배당주 투자가 5060세대에게 필수인 이유를 안정성으로 설명했습니다. "5060세대가 배당투자를 해야 하는 이유는 안정성입니다. 사실 주식 투자로 돈을 벌기 위해서는 성장주 투자해서 10배 대박 맞는 게 가장 좋죠. 그러나 우리가 그런 종목을 고른다는 것도 어렵고, 또 그 종목이 10배 오를 동안 보유하고 있을 거라는 보장이 없지 않습니까?"

배당주의 장점은 예측 가능성입니다. "배당주는 미국에 50년 이상 배당을 꾸준히 줬던 그런 종목들만 골라서 꾸준히 모아만 가도 매달 정해진 현금이 나오거든요. 50년 이상 배당을 했던 기업들이라 웬만한 상황에서는 배당이 끊길 염려가 없거든요. 확정적인 금액을 받기 때문에 노후를 계산할 수가 있습니다."

리치노마드(50대, 배당투자 유튜버)도 같은 의견입니다. "요즘에 사실 퇴직하고 난 이후에 할 만한 일들이 적당하게 없잖아요. 그렇다고 치킨집을 차릴 수도 없고, 요즘 경기가 너무 안 좋으니까. 투자를 통해서 하는 수익이 가장 좋을 것 같은데, 배당주 투자가 그래도 상대적으로 변동성도 적고 퇴직하시는 분들은 현금 흐름이 제일 중요하잖아요. 그래서 꼬박꼬박 크게 일을 하지 않아도 현금 흐름이 들어온다는 거 자체가 굉장히 든든한 부분이 있다고 생각합니다."

3년 전 퇴직한 후 리치노마드의 삶은 완전히 달라졌습니다. 현재는 배당투자 관련 유튜브 채널을 운영하며 리치노마드 클럽을 통해 다른 투자자들과 경험을 나누고 있습니다.

한 달에 한 번 오프라인 모임을 통해 "내가 지금 퇴직금이 들어와서 이렇게 하려 하는데 어떻게 했으면 좋겠어요? 아니면 제 계좌 상태가 이런데 어떻게 좀 조정을 해볼까요?" 등의 실질적인 조언을 나누고 있습니다.

평온도 현재 네이버에서 경제 블로그를 운영하며 〈월 50만 원으로 8억 만드는 배당 머신〉이란 책을 출간했습니다. 두 사람 모두 자신들의 성공 경험을 다른 사람들과 나누며 배당투자의 대중화에 기여하고 있습니다.

10 퇴직 후 애매한 모임을 정리하다

"누가 결혼한다, 누가 돌아가셨다는 문자를 받을 때 깊은 고민에 빠져요. 전화번호부에는 그대로 남아 있지만, 실제로는 3년, 5년, 7년 전에 함께 근무했던 사람들이에요. 그 사람이 진심으로 저를 생각하고 보낸 건지, 아니면 명단에 있으니까 그냥 보낸 건지 알 수가 없어요."

박성하 작가는 퇴직 3년 반이 지난 지금도 혼란스럽습니다. 축의금이나 조의금을 보내야 하는지, 이 관계를 계속 이어 가야 하는지 판단이 서지 않았던 것입니다. 3년 반의 시행착오를 거쳐 박성하 작가는 나름의 관계 정리 기준을 세웠습니다. 그의 기준은 명확하고 현실적입니다.

유지할 관계의 기준
- 3년 이내에 한 번이라도 만난 사람

- 1년 이내에 한 번이라도 개인적으로 전화나 문자를 주고받은 사람
- 단순한 단체 채팅방이 아닌, 개인적으로 안부를 묻는 관계

정리할 관계의 기준
- 3년간 한 번이라도 만남이 없는 사람
- 단체 채팅방에만 속해 있고 개별적 만남이 없는 피상적 관계
- 1년 이내에 한 번도 연락하지 않은 사람

"처음에는 미안한 마음에 모든 경조사에 응했어요. 하지만 지금은 이런 기준으로 정리하고 있습니다. 서로를 위해서도 이게 맞다고 생각해요."

퇴직 후 큰 변화 중 하나는 소속감의 상실입니다. 30년간 '포스코 직원'이라는 명확한 정체성이 있었지만, 퇴직 후에는 자신을 소개할 방법을 찾기 어려워졌습니다. 박 작가는 이런 변화를 솔직하게 인정합니다. "회사라는 울타리 안에서는 동료, 입사 동기라는 자연스러운 연결고리가 있었어요. 만나지 않아도 경조사가 있으면 당연히 참석하거나 부조금을 냈죠. 하지만 퇴직

후에는 그 자동적인 관계가 사라져요."

박 작가가 퇴직 후 후회하는 것 중 하나는 취미생활 준비 부족입니다. "수영도 하고 골프 연습도 하지만, 준비가 덜 되어 있어서 재미를 못 느끼고 있어요. 최근에야 후배 덕분에 다시 골프를 시작하면서 조금씩 재미를 찾아가고 있습니다."

그는 현역 시절 동료들에게 당부합니다. "직장생활 하면서 스스로 혼자서도 좋아하거나 다른 사람과 함께 할 수 있는 취미 활동을 미리 준비하는 것이 꼭 필요해요."

30년의 직장생활을 돌아보며 박 작가는 자신의 세대가 가진 특징을 반성하며 바라봅니다. "우리 세대는 너무 미래를 위해 현재를 희생했어요. 돈을 모으고 절약하는 것에만 집중하다가 가족들과 함께할 시간을 놓쳤죠." 특히 24년 전 돌아가신 어머니에 대한 후회가 큽니다. "그때 조금 더 여유 있게, 윤택하게 함께 시간을 보냈으면 좋았을 텐데요. 이건 어머니뿐만 아니라 아내와 아이들에게도 마찬가지예요."

통계청의 자료를 보면 2023년 기준 1인 가구가 782만 9천 가구로 전체의 35.5%를 차지한다고 합니다. 심리학자 이호선 교수는 중요한 부분을 지적합니다. 혼자 산다는 것이 단순한 주거 형태나 배우자의 유무 문제가 아니라, 개인적 존재로서의 정신적 홀로서기가 되어 있는가가 더 큰 문제라는 것입니다.

정신적 홀로서기가 안 되어 있으면 외로움을 유발하고, 이는 우울증, 자살, 불안 증가는 물론 신부전 환자의 경우 사망 확률을 4배나 높이는 등 심각한 건강 문제로 이어집니다.

실제로 외로움을 극복하고 있는 은퇴자들의 사례를 보면, 다양한 방법으로 혼자만의 시간을 의미 있게 채우고 있습니다. 어떤 60대 은퇴자는 주말농장에서 채소를 기르고, 피아노 레슨을 받으며, 글쓰기 연습으로 하루를 채웁니다. 또 다른 60대 은퇴자는 "나이 들면서 의식주 중 먹는 것이 가장 중요하다"며 동네 문화센터 요리 강좌에 열심히 참여합니다. 70대 은퇴자 중에는 "가족에게 짐이 되지 않기 위해" 혼자 사는 연습을 하는 분도 있습니다. 유튜브 시청과 운동으로 자기 독립 연습을 실천하며 "혼자 있는 시간이 방해받지 않고 좋아하는 일을 하며 보낼 수 있어서 너무 행복하다"고 말합니다.

정신건강의학과 강은호 원장은 50대를 "전 인생을 통틀어서 단기간인 5~10년 사이에 상실이 몰려오는 시기"라고 설명합니다. "50대는 어쨌든 굉장히 큰 변화의 시기이기 때문이고, 그게 어떤 상실과 대부분 다 연결돼 있습니다. 은퇴, 그다음에 건강 문제, 그다음에 부모님의 죽음 문제, 그다음에 자녀와의 어떤 관계가 재세팅되는 문제죠."

특히 한국의 50대 남성들이 겪는 어려움은 일에서만 삶의 의미를 찾아왔기 때문입니다. 강 원장은 "한국의 50대 남자분들 같은 경우에는 인생의 의미를 일 혹은 일을 통한 성취에서 거의 유일하게 찾는 경우들이 많다"고 지적합니다. 이런 상황에서 퇴직이나 승진 실패 등이 발생하면 "갑자기 뒤통수를 맞듯 혹은 어떤 외줄이 어느 순간 갑자기 끊어지는 느낌의 경험을 하게 되면 이거 자체가 굉장히 트라우마로 작용하는 경우들이 많다" 고 설명합니다.

강 원장은 관계에서 가장 중요한 것으로 소통을 꼽습니다. "한국의 50대 남성분들이 제일 어려워하시는 게 소통 문제 같아요. 제가 생각하는 소통에서 핵심은 듣는 거라고 생각해요." 특히 "판단 내리는 것 없이 상대방의 이야기를 최대한 듣는 것" 이 중요하다고 강조합니다.

심리학자 이호선 교수는 중년 이후에는 기존 관계 정리와 함께 새로운 관계 형성도 중요하다고 강조합니다. 특히 수명이 길어지고 가족 중심의 부양 시스템이 변화하면서, 친구와 새로운 인맥이 정서적, 신체적, 복지적 지원망 역할을 해야 합니다. "손절의 시대가 아니라 연결의 시대"라고 말합니다.

새로운 친구를 만나기 위해서는 학습 공동체나 복지관, 평생학습관, 사이버대학 등 공동의 목표를 가진 모임에 참여하는 것이 좋습니다. 건전한 목적을 가진 사람들이 함께 모여서 목표를 달성하는 과정에서 더 괜찮은 자신과 타인을 발견하게 되기 때문입니다.

반면 절대 피해야 할 사람들도 있습니다. 자신의 이익을 위해 상대방을 헷갈리게 하고 판단력을 흐리게 하는 가스라이팅을 하는 사람이나, 외부와 단절시키고 오직 자신의 정보만을 주입하여 상대방의 삶을 정신적으로 조종하고 지배하려는 사람들입니다. 이런 사람들을 만났을 때는 즉시 관계를 끊는 것이 현명합니다.

11 꿈 찾아 무작정 퇴사하지 마라

변성일 씨는 마흔 살이 되던 해에 큰 결단을 내렸습니다. 20년 가까이 다녔던 회사를 그만두겠다고 마음먹은 것입니다.

"매일 앉아서 엑셀 표만 보고 있자니 이게 나한테 도대체 무슨 의미가 있나 싶더라고요. 이 생활을 언제까지 해야 하나 생각하니 너무 답답했습니다."

그때 그의 상황은 결코 녹록지 않았습니다. 두 살 된 첫째와 갓 태어난 둘째를 키워야 했고, 부인 역시 프리랜서 작가로 일하며 육아와 가사를 병행하느라 힘겨워하고 있었습니다. 하지만 변 씨는 더 이상 참을 수 없었습니다.

비단 변성일 씨만의 고민은 아닙니다. 지인 중에 50대인데 건설업에 종사하던 분이 있었는데요. 그 일이 지겨워서 평소 꿈꿔왔던 프랜차이즈 매장을 열기로 결심했습니다. 직장을 다니면서 꼼꼼히 준비해서 호기롭게 사표를 던지고 돈까스 매장을 오픈했어요. 처음에는 "이제 내 사업이니까 마음 편하게 할 수 있겠다"며 의욕에 차 있었는데, 현실은 정말 달랐습니다.

"매출액이 전 달보다 30% 이상 높아졌는데도, 막상 뚜껑을 열고 순이익을 계산해 보면 당혹스럽더라고 하시더라고요. 이익은 늘어나지 않고 오히려 적자투성이인 달이 늘어났다고요."

지인이 말하길, 인건비와 식자재비가 매출액에서 차지하는 비중이 어마어마했다고 합니다. 특히 2018년 이후 최저임금이 급격히 오르면서 자영업자들의 부담이 더 커졌거든요. 2016년 6,030원이던 최저임금이 2022년에는 9,160원까지 올랐으니까요. 총 매출에서 인건비가 20~25%일 때는 그나마 버틸 만한데, 30%를 넘어 35%까지 치솟으면 이익을 내는 것이 무척 힘들어집니다.

더 심각한 건 일할 사람을 구하는 것 자체가 하늘의 별 따기가 되었다는 점이었습니다. 시급 15,000원을 줘도 아르바이트생을 구할 수 없어서 매주 화요일과 목요일은 가게를 열지 못하는 상황까지 벌어졌습니다. 코로나19 이후 많은 젊은이가 배달 라이더나 온라인 부업을 선택하면서 힘든 육체노동을 기피하는 분위기가 생겼기 때문입니다.

결국 2년 만에 가게 문을 닫아야 했습니다. 사업을 접기 전에 미리 직장을 구해서 다행이었지만, "정말 홀가분하다"고 했습니다. 매출 걱정, 인건비 걱정에서 벗어나니 오히려 편하다는 것입니다.

변성일 씨는 원목가구 제작 교육을 9개월간 받은 후, 본격적인 구직 활동에 나섰습니다. 하지만 현실은 만만하지 않았습니다. 아침 일찍 일어나 인터넷 구인구직 사이트를 뒤지는 것이 일상이 되었습니다. 작은 희망이라도 있으면 멀리 경기도 외곽까지도 마다하지 않고 찾아갔어요. 그런데 대부분 '경력자 우대'라는 조건에 막혔습니다.

어떤 곳에서는 "나이가 너무 많다"고 대놓고 말하기도 했고, 어떤 곳에서는 "젊은 사람들과 잘 어울릴 수 있겠냐"고 묻기도 했습니다. 20년 넘게 사무직에서 일해온 그에게는 모든 것이 새로운 도전이자 시련이었습니다.

특히 기억에 남는 일이 있었습니다. 정말 가고 싶었던 가구 공방에 공고가 뜰 때마다 지원했고, 심지어 아르바이트생을 뽑을 때도 지원했습니다. 하지만 번번이 거절당했고, 급기야 사장으로부터 나이 많은 사람과 일하지 않으니 더 이상 지원하지 말라는 따가운 이메일을 받았습니다.

그날 밤, 변 씨는 한참을 혼자 앉아 있었다고 합니다. 아내와 아이들 앞에서는 괜찮은 척했지만 속으로는 정말 막막해서 '내가 뭘 잘못했나? 왜 이렇게 힘든 길을 택했나?' 하는 후회도 밀려왔다고 합니다. 하지만 포기할 수는 없었습니다. 처자식이 있었기 때문입니다. "어떻게 하든 일자리를 구해야 했어요. 소위 말하는 막노동이라도 해야겠다는 절박한 마음이었습니다."

이런 과정이 6개월 넘게 지속되면서 변 씨의 자존감은 바닥까지 떨어졌습니다. 예전 회사 동료들과 마주치는 것도 부담스러워졌어요. "잘 지내냐"는 안부 인사조차 상처로 다가왔습니다.

집안 분위기도 무거워졌습니다. 아내는 내색하지 않으려 했지만, 경제적 부담이 날로 커지고 있었어요. 생활비 대출을 받는 일도 생겼고, 아이들 학원비를 줄이는 것도 고려해야 했습니다.

그러던 중 지인의 소개로 작은 건설 현장에서 일할 기회가 생겼습니다. 원목가구 제작과는 거리가 멀었지만, 당장 수입이 필요했거든요. 하루 8만 원씩 받으며 일했는데, 몸은 힘들었지만 오히려 마음은 편했다고 합니다.

결국 한 공방에서 일할 기회를 얻었지만, 그곳은 결코 좋은 곳이 아니었습니다. 낮은 임금에도 불구하고 "기술을 가르쳐 줄 테니 열정페이를 감수하라"는 식이었습니다.

나중에 한옥 전문 도편수와 일할 기회가 있었는데, 그가 변 씨의 장비 사용법을 보고 일을 잘못 배웠다고 지적했습니다. 공구 사용법부터 작업 자세까지 모든 것이 잘못되어 있었고, 그렇게 하면 몸에 무리가 가고 다칠 위험이 있다는 것이었습니다.

우여곡절 끝에 2018년 이케아에 카펜터로 입사한 변 씨는 지금 완전히 다른 삶을 살고 있습니다. 매장의 쇼룸과 디스플레이를 바꾸는 일을 하면서, 예전에는 몰랐던 자신의 모습을 발견했습니다.

수입 면에서도 예전 사무직과 큰 차이는 없지만, 더 중요한 것은 안정성이었습니다. 65세 정년은 물론이고, 본인이 원하고 체력이 뒷받침된다면 그 이후에도 계속 일할 수 있는 시스템이 갖춰져 있습니다. 무엇보다 매일 인건비 걱정, 아르바이트생 구하는 스트레스 없이 자기 기술에만 집중할 수 있다는 점이 큰 장점이었어요.

"지금 이 일이 너무 재밌어서 계속 일하고 싶다는 생각이 있습니다. 체력 관리만 잘하면 이 일은 계속할 수 있겠더라고요."

변 씨는 같은 고민을 하는 중년들에게 이런 조언을 남겼습니다.

"먼저 내가 어떤 사람이고 뭘 좋아하는지 알아야 합니다. 그리고 지금까지 해왔던 일에 대해 부정적인 감정을 갖지 않으셨으면 좋겠어요. 20년, 30년 일해 온 것 자체만으로도 존경받을 만한 일이니까요. 새로운 걸 해야 한다면 그 분야 현직자들의 얘기를 먼저 들어보는 게 가장 중요합니다. 그리고 무엇보다 미리 준비하지 않고 급하게 결정하면 안 됩니다. 요즘 자영업 현실을 보면 정말 쉽지 않거든요."

　7년간의 공백기를 견뎌내며 새로운 길을 찾은 변성일 씨. 그의 이야기는 충분한 준비와 신중한 판단을 통해 늦은 나이에도 진정한 자신의 길을 찾을 수 있다는 희망을 보여줍니다. 무엇보다 섣부른 창업보다는 자신만의 전문성을 키우는 것이 더 안전하고 지속 가능한 길일 수 있다는 교훈을 남겨줍니다.

3부

노후에 돈 걱정 없이 살기 위해
준비해야 할 것들

12 대한민국 상위 10%도 퇴직 후 생계 걱정하는 이유

현금 흐름(cash flow)은 일정 기간에 유입된 돈을 의미합니다. 즉 기업이 영업 활동을 통해 매출을 올리고 투자를 하며 이에 수반되는 비용을 차감한 후 남는 돈을 일컫는데요. 이 현금 흐름이 노후에는 매우 중요합니다. 직장에 다닐 때는 월급이란 현금 흐름이 꾸준히 발생했지만, 퇴직하는 순간 이 현금 흐름이 막혀 버리게 되기 때문이죠. '돈맥경화'라는 신조어까지 탄생하게 되었는데 피가 제대로 순환되지 않는 동맥경화라는 말을 빗대어 돈이 돌지 않거나 개인 자금 사정이 원활하게 돌지 않는 상태를 뜻하는 말로 쓰이고 있습니다.

통계청이 발표한 2023년 가계금융복지조사 결과를 보면 2023년 3월 말 기준 한국 가계의 평균 자산은 5억 2,727만 원이었습니다. 이 가운데 실물 자산은 4억 140만 원으로 전체 자산의 76.1%에 달했고, 가구주 연령대별로는 50~59세가 6억 452만 원으로 가장 많은 자산을 보유하고 있습니다. 60세 이상은 5억 4,836만 원의 자산을 보유하고 있습니다만, 50대 실물자산 비중은 75.7%이고 60대 이상은 82%까지 치솟습니다. 50대 금융자산은 1억 4,713만 원이고, 60대 이상 금융자산은 9,862만 원으로 1억 원이 채 되지 않는 수준입니다.

자산 유형별 보유액 및 구성비 (단위: 만 원, %)

		자산	금융자산			실물자산				
				저축액	전·월세 보증금		구성비	부동산	거주주택	기타
	전체	52,727	12,587	8,840	3,747	40,140	76.1	37,677	22,938	2,463
가구주 연령대	39세이하	33,615	13,347	6,073	7,275	20,267	60.3	18,001	12,518	2,267
	40~49세	56,122	14,746	9,521	5,225	41,376	73.7	38,325	25,930	3,051
	50~59세	60,452	14,713	11,597	3,116	45,739	75.7	42,726	26,026	3,013
	60세이상	54,836	9,862	8,072	1,791	44,974	82.0	43,056	24,163	1,918
가구주 종사상지위	상용근로자	56,907	16,190	10,574	5,616	40,716	71.5	38,746	25,615	1,970
	임시일용근로자	23,152	6,168	4,093	2,074	16,984	73.4	16,176	11,574	808
	자영업자	66,432	12,303	9,805	2,498	54,129	81.5	48,013	23,149	6,116
	기타(무직등)	46,278	8,714	6,780	1,934	37,565	81.2	36,830	23,291	735

출처: 통계청

또한 간과해서는 안 될 지표는 바로 부채입니다. 50대 부채는 1억 715만 원이며 60대 이상은 6,206만 원입니다. 60대 이상만 놓고 보면 금융자산이 9,862만 원 보유하고 있지만 부채 6,206만 원을 제외한다면 3,656만 원으로 나머지 인생을 버텨야 하는 현실입니다.

가구주 연령대별 부채 보유액

(단위: 만 원, %)

		전체	39세 이하	40~49세	50~59세	60세 이상
평균	2022년	9,170	10,193	12,328	10,763	6,045
	2023년	9,186	9,937	12,531	10,715	6,206
	증감	17	-256	203	-47	161
	증감률	0.2	-2.5	1.6	-0.4	2.7

출처: 통계청

더 심각한 현실은 가구주가 퇴직하면 주 수입원은 연금밖에 없는데, 통계청 자료에 의하면 2024년 5월 기준 고령층 연금 수령자는 817만 7천 명이고 월평균 수령액은 82만 원밖에 되지 않습니다.

연금 수령 여부(55~79세)

(단위: 천 명, %, %p, 만 원)

		연금 수령자	비중[2]	월평균 연금 수령액 구간별 비중[1]					월평균 수령액
				25만 원 미만	10~25만 원 미만	25~50만 원 미만	50~100만 원 미만	100~150만 원 미만	150만 원 이상	
2023.5	고령층	7,783	50.3	6.1	6.0	44.6	30.2	7.0	12.2	75
	남자	3,995	53.7	3.3	3.3	29.3	36.7	11.5	19.2	98
	여자	3,788	47.1	8.9	8.8	60.7	23.2	2.3	4.8	50
2024.5	고령층	8,177	51.2	4.5	4.4	41.2	32.4	8.1	13.8	82
	남자	4,189	54.4	2.5	2.3	26.7	36.8	12.8	21.2	106
	여자	3,988	48.1	6.7	6.5	56.4	27.7	3.1	6.1	57
증감(률)	고령층	394	0.9	-1.6	-1.6	-3.4	2.2	1.1	1.6	(9.6)
	남자	194	0.7	-0.8	-1.0	-2.6	0.1	1.3	2.0	(8.4)
	여자	200	1.0	-2.2	-2.3	-4.3	4.5	0.8	1.3	(12.8)

1) 공적연금(국민연금, 사학연금, 군인연금, 공무원연금, 기초연금 등), 개인연금 등 노후생활의 안정을 위해 정부 또는 개인에 의해 조성되어 수령한 금액
2) 고령층 인구 중 연금 수령자 비중

출처: 통계청

정리하면, 한국 중장년층의 평균 자산은 5억 2,727만 원이지만 자산이 부동산 포함 실물자산에 약 80% 가까이 묶여 있고, 노후생활비로 사용할 수 있는 금융자산은 20% 수준밖에 되지 않습니다. 특히 60대 이상 금융자산은 9,862만 원으로 1억 원이 채 되지 않습니다. 금융자산이 부족하더라도 퇴직 후에 고정적인 수입인 연금 수령액이 많다면 괜찮겠지만 평균 연금 수령액이 82만 원 수준밖에 되지 않습니다.

그렇다면, 대한민국 상위 10%는 어떠한 현실에 직면해 있을까요?

〈반은퇴〉를 출간한 신동국 작가는 "상위 1%에 해당하는 22만 세대의 평균 자산은 30억 원입니다. 상위 10%에 해당하는 220만 세대의 평균 자산은 9억~10억 원 정도입니다. 그런데 여기서 재미있는 현상이 나타납니다"라고 지적합니다. 그가 말하는 재미있는 현상은 바로 <u>자산 대부분이 부동산에 묶여 있다는 사실</u>입니다.

"서울에 있는 아파트가 180만 채인데, 우리는 서울 아파트가 다 10억 이상이라고 알고 있어요. 지방 주요 도시 아파트들도 10억 원 이상인 곳이 많고요. 그러면 상위 1%의 자산이 30억 원인데 아파트 가격도 30억 원, 상위 10%의 자산이 10억 원인데 아파트 가격도 10억 원이에요."

이는 곧 우리나라 사람들이 가진 자산 대부분이 부동산이라는 의미입니다. 실제로 2024년 〈한국경제〉는 한국 가계의 평균 자산에서 부동산이 차지하는 비중이 78.6%에 달한다고 보도했습니다. 이는 미국의 28.5%, 일본의 37.0%, 영국의 46.2%, 호주의 61.2%와 비교해도 압도적으로 높은 수치입니다. 더 정확히 말하면, **집 한 채가 전 재산인 사람들이 대부분**이라는 충격적인 현실을 보여줍니다. 이렇듯 자산의 대부분이 부동산에 묶여 있다 보니, 현금 흐름이 원활하지 않아 은퇴 후 생활비 마련에 어려움을 겪는 경우가 많습니다.

최근 한 보험사의 설문조사 결과도 이를 뒷받침합니다. 은퇴를 앞둔 50대 남성들의 80% 이상이 "가진 재산은 많지만, 매달 현금이 부족해 생활이 어렵다"고 응답했습니다. 이들은 대부분 자가 주택 외에 특별한 금융 자산을 보유하지 못했으며, 자녀 교육비나 주택담보 대출 상환 등으로 월급 대부분을 지출하고 있었습니다. 은퇴 전문가들은 이러한 현상을 '부동산 부자, 현금 거지'라는 표현으로 설명하며, 자산은 늘었지만 현금이 부족한 **'자산 빈곤' 상태**에 놓일 수 있다고 경고합니다.

현실적인 고민

30년 이상 대기업에서 일하며 높은 연봉을 받아온 한 직장인은 현재도 월급을 받고 있지만, "매달 쓰다 보니까 돈을 모을 수가 없다"고 솔직하게 털어놓습니다. 수십 년간 일해온 베테랑도 이런 상황이니, 일반 직장인들은 어떨까요?

그는 "고정적으로 나가는 돈이 있어요. 그리고 매달 쓰다 보니까 돈을 모을 수가 없습니다. 저도 갖고 있는 자산이라고 해봐야 뭐 집이 대부분이에요"라고 말합니다. 이는 대부분의 직장인이 겪는 공통된 현상으로, **월급만으로는 자산을 축적하기 어렵다는 점**을 여실히 보여줍니다.

"실제로 월급을 가지고 돈을 모으기가 과거에도 힘들었고 앞으로도 쉽지 않죠. 인정하고 싶지 않지만, 수많은 사람들이 열심히 적금하고 돈을 모으는데 그걸 인정할 수 없잖아요. 하지만 사실 상당 부분은 자산 가격 상승 때문이에요."

그의 분석에 따르면, 우리가 '돈을 모았다'고 생각하는 그 자산의 대부분이 사실은 **집값 상승 덕분**이라는 것입니다. 월급으로 생활을 유지하고, 자산 가격 상승으로 자산을 불린 셈이죠. 결국 "월급으로 생활하고 자산 가격 상승으로 자산을 이뤘는데, 반은퇴하면 월급이 없어지는 거죠"라며 **은퇴 후 현금 흐름의**

부재가 가장 큰 문제임을 강조합니다. 자산은 늘었지만 현금이 부족한 '자산 빈곤' 상태에 놓일 수 있다는 경고입니다.

실제로 은퇴한 많은 이들이 예상치 못한 생활비 지출로 어려움을 겪는다고 토로합니다. 한 퇴직자는 "막상 퇴직하고 나니 생각보다 나가는 돈이 훨씬 많아 당황했다"며, "예전에는 경조사비나 의료비 등 예측 불가능한 지출이 생겨도 월급으로 충당할 수 있었는데, 이제는 그럴 수 없어 불안하다"고 이야기했습니다. 한국리서치의 '은퇴 후 삶' 조사를 보면, 응답자의 65% 이상이 "은퇴 후 생활비 부족을 가장 크게 우려한다"고 답했습니다. 이는 단순히 생활비뿐만 아니라 예상치 못한 의료비나 자녀의 결혼 등 목돈 지출에 대한 불안감이 크다는 것을 보여줍니다.

보여주기식 소비가 은퇴를 더욱 어렵게 만드는 이유

우리 사회의 보여주기식 소비문화는 은퇴 준비에 큰 걸림돌이 됩니다. 한 금융 전문가는 구체적인 예를 들어 설명합니다.

"나는 서울 산다고 말하지 않고 '강남 산다'고 해요. 나는 경기도 산다고 하지 않고 '분당 산다'고 합니다. 우리가 웃으면서 그런 얘기를 하죠."

하지만 그는 이런 현상에 대해 날카로운 분석을 제시합니다.

"신도시에 가보시면 강남보다 사실 살기가 훨씬 좋죠. 호수도 있고, 산책길도 있고, 다 좋아요. 근데 우리는 '나 강남 살아'라는 말을 하기 위해서 30억 원을 씁니다."

30억 원의 경제적 의미를 구체적으로 계산해 보면 더 충격적입니다.

"30억은 3%만 해도 1년에 1억 원입니다. 하루에 30만 원이면 호텔에 가서 그냥 가만히 있어도 아침도 먹고 청소도 다 해주고 아주 편해요. 근데 우리는 그 돈을 '나 강남 살아'라는 말을 하기 위해서 쓴다는 거죠."

이는 단순히 특정 지역에 사는 것을 넘어, **타인에게 보이는 '나'의 모습에 집착하는 현대인의 자화상**을 보여줍니다. 실제 삶의 질보다 타인의 시선을 의식한 소비가 만연해 있고, 이러한 소비는 은퇴 후 삶의 질을 현저히 떨어뜨릴 수 있습니다. 값비싼 주거 비용뿐만 아니라, 명품, 외제 차, 고급 레스토랑 등 과시적 소비는 은퇴 자금을 빠르게 소진하는 주범이 될 수 있음을 경고합니다. 사회적 지위를 유지하기 위한 과도한 지출은 결국 노후를 불안하게 만드는 주된 원인이 되는 것입니다.

한 은퇴 전문가는 "은퇴 후 어려운 점 중 하나는 사회적 관계 유지와 이에 따른 비용"이라고 말합니다. 오랜 시간 사회생활을 통해 형성된 인맥과의 만남에서 자연스럽게 발생하는 외식비, 골프 비용, 경조사비 등은 생각보다 큰 부담이 됩니다. 하지만 이를 줄이면 '남에게 무시당하는 것은 아닐까' 하는 불안감에 사로잡혀 쉽게 소비 습관을 바꾸지 못하는 경우가 많다고 합니다. 실제로 한 은퇴자의 경험담에 의하면, 평소 즐겨 다니던 고급 레스토랑 대신 가성비 좋은 식당을 찾기 시작하면서 동료들과의 만남이 줄어들었다고 합니다. 이러한 사회적 고립은 은퇴 후 삶의 만족도를 크게 떨어뜨리는 요인이 됩니다.

지위 상실의 트라우마, 은퇴자들의 심리적 고통

한 임원 출신 퇴직자의 이야기는 우리 사회의 보여주기 문화가 얼마나 깊숙이 뿌리박혀 있고, 은퇴가 단순히 경제적 문제뿐 아니라 심리적 문제로 이어질 수 있음을 보여줍니다.

"친구들 모임이 있어서 차를 가져가는데, 차를 주차장에 세우고 식당에 들어갈 때는 괜찮대요. 그런데 모임이 끝나고 키를 들고 주차장으로 걸어갈 때 멘붕이 온다는 거예요. 예전에는 기사가 차를 앞까지 가져와서 문을 열어줬는데, 이제는 본인이 키를 들고 주차장까지 걸어가서 직접 운전해야 하거든요."

겉보기에는 사소한 일 같지만, 이는 **자신을 '나'로 받아들이지 못하고, 남들이 보는 '나의 모습'에 계속 신경 쓰기 때문에 생기는 심리적 고통**입니다. 한평생 높은 지위에서 타인의 도움을 받으며 살아왔던 이들에게 은퇴 후 '혼자' 해야 하는 일들은 큰 상실감과 자존감 저하로 이어질 수 있습니다. 이러한 지위 상실의 트라우마는 은퇴자들이 새로운 삶에 적응하는 데 큰 걸림돌이 됩니다.

심리학자들은 이를 '사회적 지위 역전 현상'이라고 부르기도 합니다. 오랫동안 조직 내에서 중요하고 인정받는 역할을 수행했던 이들이 은퇴 후 갑작스러운 역할 상실을 겪으면서 우울감이나 무력감을 느끼는 현상입니다. 이들은 경제적인 어려움뿐만 아니라, 사회적 유대감 상실과 자아 정체성의 혼란으로 인해 정신 건강에도 부정적인 영향을 받습니다. 심지어 은퇴 후 극심한 우울증에 시달려 병원을 찾는 경우도 적지 않다고 합니다. 이러한 심리적 어려움은 경제적 어려움 못지않게 은퇴 후 삶의 질을 저해하는 심각한 요인이 됩니다.

반은퇴 시대, 새로운 현실을 받아들여야 할 때

신동국 작가는 32년간 금융권에서 베테랑으로 활동하며 성공적인 직장생활을 이어온 인물입니다. 그는 최근 〈반은퇴〉라는 제목의 책을 펴내며, 은퇴 이후에도 여전히 경제 활동을 이어가야 하는 우리 시대의 냉혹한 현실을 이야기합니다. 신 작가는 "은퇴라는 건 일반적으로 돈을 벌기 위한 생산 활동을 그만두고 소비자로만 살아가는 걸 의미합니다. 그런데 과연 그것이 가능할까요? 고령화 사회, 인구 소멸, 그리고 현실적인 자산 규모를 볼 때 정말 가능한 일일까요?"라고 질문하며, 우리가 막연하게 꿈꾸는 '완전한 은퇴'가 허상일 수 있음을 시사합니다.

신 작가는 〈반은퇴〉에서 예전처럼 완전히 일을 그만두고 소비만 하며 살 수 있는 시대는 지났다고 말하고 있습니다. 이제는 본업을 그만두더라도 어딘가에서 조금씩이라도 돈을 벌어야 하는 사회로 바뀌었다는 겁니다.

"혹시 독자분들이 '나는 은퇴를 했는데 또 돈을 벌어야 해?' 하며 부끄러워하거나 '내가 뭐 좀 잘못 살았나?' 생각할 필요가 없어요. 이것은 자연스러운 사회적 현상입니다."

이런 현실을 받아들이기 위해서는 무엇보다 <u>소비 습관의 변화가 필요</u>합니다. 보여주기식 소비를 줄이고, 내 현실을 직시하며,

진짜 나를 바라봐야 해요. 이것이 안 되면 "모래 위에다가 성을 쌓는 것"과 다름없다고 그는 강조합니다.

상위 10%의 자산을 가진 사람들조차 퇴직 후 생계를 걱정하는 이유가 바로 여기에 있습니다. 숫자상으로는 풍족해 보이지만, 실제로는 집 한 채가 전 재산이고, 현금 흐름은 없으며, 보여주기식 소비는 계속되고 있으니까요.

진정한 은퇴 준비는 돈을 더 많이 모으는 것보다, **현실을 인정하고 소비 패턴을 바꾸는 것에서 시작**되는 것 같습니다. 숫자에 속지 말고, 진짜 내 상황을 냉정하게 바라보는 용기가 필요한 때입니다. 어쩌면 우리에게 필요한 것은 '완전한 은퇴'가 아닌, **자신의 가치와 행복을 재정의하는 '현명한 반은퇴'의 삶**을 계획하는 것일지도 모릅니다.

지금, 당신의 은퇴는 어떤 모습인가요? 그리고 그 모습은 당신이 진정으로 원하는 삶인가요?

13 일이 있는 노후, 돈도 건강도 따라온다

현재 50대 직장인으로 2~3년 안에 퇴직을 앞두고 있습니다. 회사 동료들과 커피를 마시며 자주 나누는 이야기가 바로 "퇴직 후에 무슨 일을 하며 돈을 벌 것인가"입니다. 그런데 의외로 많은 직장 동료들이 준비를 제대로 하지 못하고 있는 것 같습니다. 회사 업무가 급하다 보니 은퇴 후의 삶은 뒷전으로 밀려나는 것 같습니다.

통계청의 2023년 사회조사 결과를 보면, '10명 중 7명이 노후 준비를 하고 있으며, 준비 방법은 국민연금이 가장 높음'으로 나타났습니다. 언뜻 보면 괜찮아 보이지만, 실상을 들여다보면 여전히 심각한 문제가 드러납니다. 국민의 노후를 위해 사회가 관심을 가져야 하는 것으로 노후 소득 지원, 의료·요양보호 서비스, 노후 취업 지원 순으로 응답했습니다.

준비하고 있다는 이들 대부분이 국민연금에 의존하고 있지만, 2025년 국민연금 평균 수령액은 월 67만 원 수준입니다. 2024년 10월 기준 월평균 수령액 655,452원에서 물가상승률 2.3%를 반영하여 오른 금액입니다. 반면 KB금융지주 경영연구소 보고서에서는 부부 기준 적정 노후 생활비는 월 366만 원이 필요하다고 합니다. 매달 300만 원 가까운 적자가 발생하는 셈입니다.

퇴직 후에도 일해야 하는 현실과 실제 사례

이런 이유로 2023년 사회조사에서 '60세 이상 고령자 4명 중 3명은 본인·배우자가 주로 생활비를 마련함'으로 나타났고, 2024년과 2025년 고용 동향에 따르면 60세 이상 연령층의 취업자가 지속적으로 증가하고 있습니다. 특히 2024년 4월 기준으로 60세 이상에서 29만 2,000명이 증가했습니다.

이런 현실을 보여주는 생생한 사례가 있습니다. 27년간 물류 회사에서 임원으로 근무했던 강찬영 소장은 2013년 말 은퇴 후 2년간 인생 2막을 고민했습니다. 그는 "일도 하면서 공부도 할 수 있는 방법을 찾는 데 2년 정도 걸렸다"고 말합니다.

강찬영 소장은 2017년 8월부터 6년 동안 택배 분류 작업을 했고, 지금은 시니어 웹툰 작가가 되기 위해 매일 그림 그리는 연습을 하고 있으며 새로운 도전을 해 나가고 있습니다.

"남에게 보여주기식 삶을 계속 살 건지, 아니면 스스로 극복할 건지는 본인이 결정해야 할 문제입니다. 저는 그걸 극복했다고 볼 수 있죠. 적당히 일하면서 적당히 공부하는 주경야독으로 바꾼 거예요."

강찬영 소장은 택배 일을 하면서 체중도 76kg에서 65~67kg 사이로 유지하게 되었다고 합니다. "직장 다니면서 군살이 많 앉는데, 이 일을 하면서 적당한 체형을 유지하게 됐어요. 6년간 택배 분류 작업을 통해 건강도 챙기고, 이제는 새로운 꿈인 시니어 웹툰 작가를 향해 도전하고 있습니다."

인터뷰한 다른 퇴직자들도 마찬가지였습니다. 귀농 또는 귀촌을 하거나, 책을 내고 작가로 활동하거나, 해외 구매 대행이나 ETF 배당주 투자를 하거나, 데이터 라벨링을 하거나, 사회복지사 자격증을 따서 일하거나, 지게차 운전을 하거나, 카페나 식당을 운영하는 이들까지 다양했습니다.

하지만 여기서 가장 충격적인 사실을 발견했습니다. 고령 취업자의 직업 분포를 보면, 단순 노무 종사자가 33.4%로 1위였고, 농업 숙련 종사자가 22.2%로 2위였습니다. 이 두 분야만 합쳐도 55%가 넘습니다. 반면 사무 종사자는 3.7%, 관리자·전문가는 5.6%에 불과했습니다. 즉, 평생 사무직이나 관리직에서 일하다가 퇴직 후에도 같은 수준의 일을 할 확률은 10% 정도밖에 되지 않는다는 것입니다.

고령 취업자의 산업 직업 분포 현황

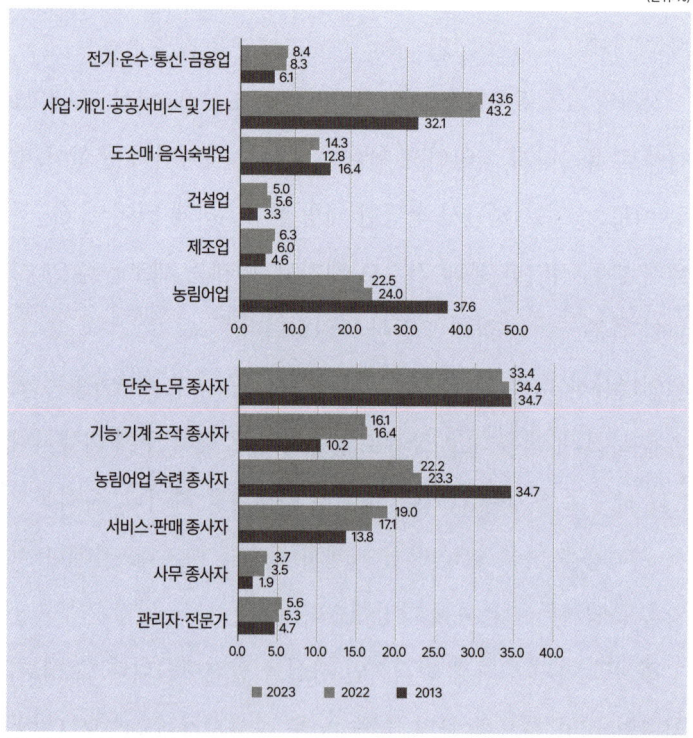

| 주 | 고령은 65세 이상 79세 이하임

출처: 통계청

0에서 1로, 새로운 가능성을 만들어가기

〈제로 투 원〉이라는 책에서는 비즈니스 성공의 단계를 설명합니다. 가장 중요한 것은 0에서 1로 넘어가는 순간입니다. 아무것도 없는 상태에서 나만의 콘텐츠로 돈을 벌기 시작하는 그 순간 말입니다.

2018년 1월 1일, 습관 프로그램을 시작했습니다. 처음 2년간은 무료로 진행하며 데이터를 쌓고 신뢰를 만들어갔습니다. 사람들이 성공하는 케이스들이 많아지면서 신뢰도가 높아졌고, 2년 후 충분히 가치를 줄 수 있다는 확신이 서자 처음으로 유료 전환을 했습니다.

그때 기수당 약 20명 정도를 모집했는데, 한 명당 9만 원을 받았습니다. 처음 신청한 사람이 9만 원을 송금했는데, 송금된 9만 원이라는 숫자를 통장에서 본 순간의 기분은 지금도 생생합니다. 단순히 9만 원이라는 금액이 아니라 그 이상의 엄청난 가능성을 느꼈습니다. '나도 월급이 끊어져도 어느 정도 살아갈 수 있는 희망이 있다, 가능성이 있다, 대안이 있다'라는 확신이 생기면서 9만 원 이상의 가치, 정말 짜릿한 순간을 느꼈습니다.

퇴근 후 시간이 퇴직 후 삶의 질을 결정합니다

그 후 습관 관련 책 3권을 출간했고, 책 인세와 강의 수입을 얻었습니다. 크몽에서 전자책을 판매하고, 멀티캠퍼스에 강의를 올려 수익을 만들었습니다. 해외 구매 대행도 하고, 스마트스토어에서 습관 노트도 판매했습니다. 쌀국수 매장 창업도 시도해 봤고(지금은 손해를 많이 보고 접었지만), 현재는 '현명한 은퇴자들'이라는 유튜브 채널도 운영하고 있습니다.

은퇴 전문가들은 사무직·관리직 출신들의 퇴직 후 경제활동 문제가 앞으로 가장 큰 사회적 이슈가 될 것으로 전망합니다. 그렇다면 해답은 명확합니다. 퇴근 후 시간을 어떻게 보내느냐가 퇴직 후 삶의 질을 결정한다는 것입니다.

앞서 소개한 강찬영 소장처럼 남의 시선을 의식하기보다는 자신만의 방식으로 일과 공부를 병행하며 건강한 노후를 만들어 가는 것이 중요합니다. 그는 "인생 2막에서조차 남의 시선을 의식하면서 살 것인지, 아니면 스스로 극복할 것인지는 본인이 결정해야 할 문제"라고 말했습니다.

인터뷰한 퇴직자들 모두 공통으로 이렇게 말했습니다. "미리 준비했기 때문에 퇴직 후에도 내가 원하는 일을 하며 살 수 있다"고 말입니다.

지금부터 0에서 1을 만들어내는 경험을 해보시기 바랍니다. 월급 이외에 또 다른 소득을 만들 가능성을 탐색해 보세요. 직장 다니면서 했던 일을 계속하고 싶거나, 좋아하는 일, 관심 있는 일을 하면서도 퇴직 후에 계속 경제활동을 할 수 있다면 얼마나 좋을까요? 그 작은 시작이 노후를 완전히 바꿀 수 있습니다.

14 지출 다이어트, 노후를 지키는 방패

"한 달에 760만 원이 나갑니다. 어떻게 해야 하나요?"

최근 한 퇴직 준비자가 털어놓은 고민입니다. 기초생활비 50만 원, 식비 60만 원, 부부 용돈 80만 원, 보험료 40만 원, 경조사비 50만 원, 취미활동비 30만 원, 문화활동비 20만 원, 여행비 50만 원, 반려동물 20만 원, 홈쇼핑 20만 원, 부모님 용돈 40만 원, 두 자녀 학비 250만 원⋯ 하나하나 보면 다 필요한 지출처럼 보이지만, 합치면 감당하기 어려운 금액이 됩니다.

이런 상황은 결코 남의 일이 아닙니다. 50대에 접어들면서 자녀 교육비는 정점에 달하고, 부모님 부양 부담은 늘어나며, 퇴직을 앞두고는 불안감에 지출이 더 늘어나기 쉽습니다. 하지만 퇴직 후에는 수입이 절반 이상 줄어드는 것이 현실입니다. 지금부터라도 지출 관리에 대한 새로운 관점이 필요한 이유입니다.

No	매달 평균 지출 내역	금액
1	기초 생활비(관리비, 가스비, 전기 포함)	50만 원
2	자동차세, 자동차 보험료, 재산세(연간)	50만 원
3	생활비(주 1회 장보기)	60만 원
4	용돈(대중교통, 식사, 모임 등)	80만 원
5	보험료(실손보험 포함)	40만 원
6	경조사비(교통비 포함)	50만 원
7	취미(모임 회비, 헬스, 스크린 골프)	30만 원
8	문화 활동비(영화, 뮤지컬, 책 구입)	20만 원
9	여행(연간 600만 원 배분)	50만 원
10	반려동물	20만 원
11	홈쇼핑, 의복비	20만 원
12	부모님 용돈	40만 원
13	두 아이 학비	250만 원
	합계	760만 원

월급의 70%를 저축한 은퇴자의 비밀

"저희는 월급의 70%를 저축했습니다."

정선용 작가의 이야기입니다. 대기업 임원 출신으로 〈아들아 돈 공부해야 한다〉를 펴낸 그는 25년간 유통업계 대기업에서 근무 후 50억 원의 자산을 축적했습니다. 그는 1997년 2,500만 원으로 결혼을 시작해 퇴직할 때까지 이 원칙을 지켜왔습니다. 신혼 때부터 아내와 함께 '강제 저축' 시스템을 만들어 월급이 올라도 생활비는 그대로 유지했습니다.

현재 정선용 작가는 부부가 월 350만 원으로 생활하고 있습니다. 이 중 각종 세금과 보험료, 관리비를 제외하면 실질 생활비는 200만 원 조금 넘는 수준입니다. "임원을 했던 사람이 어떻게 그렇게 살 수 있느냐"는 질문에 그는 이렇게 답합니다.

"소비에서 삶의 만족도를 찾는 게 아니라 생산에서 찾습니다. 글을 쓰고, 좋은 곳에 가서 경치를 보며 감동하는 것에서 만족도를 얻어요. 차도 거의 안 타고 대중교통을 이용하고, 스타벅스 대신 메가커피를 마십니다. 서울 시내 궁궐이나 공원을 산책하는 것이 해외여행보다 더 좋다고 생각해요."

정선용 작가의 철학은 간단합니다. "재테크를 하려면 절제할 수 있어야 합니다. 자기 욕망을 통제할 수 있는 사람만이 진정한 재테크를 할 수 있어요."

월 30분 투자로 만드는 자산 관리 시스템

"건강검진은 1년에 한 번 하면서, 왜 자산검진은 한 번도 안 하시나요?"

송영욱 대표의 지적입니다. 은행, 증권사, 보험사 등에서 20여 년간 근무한 금융 전문가로 〈직장인도 부자가 될 수 있는 월급 세팅법〉을 출간한 그는 매월 30분만 투자해서 자산을 체계적으로 관리하는 방법을 제안합니다. 바로 '자산 검진표'와 '현금 수지표' 작성입니다.

자산 검진표는 회사의 재무제표와 같은 개념입니다. 금융자산(예·적금, 주식, 펀드 등)과 실물자산(부동산 등)을 정리하고, 부채 현황을 파악해 순자산을 계산합니다. 여기서 중요한 것은 목표를 설정하는 것입니다. "60세까지 10억을 만들겠다"는 구체적인 목표를 세우고 매월 달성률을 확인합니다.

예시: 자산 검진표, 송영욱 대표

자산				부채&순자산		
항목		평가금액	비율	항목	평가금액	비율
금융자산 2억 원 (25%)	예적금	1억 원	13%	부채 3억 원 (37%)	A은행대출 2억 원	25%
	펀드	8천만 원	10%		B은행대출 1억 원	12%
	주식	2천만 원	2%			
	기타	-				
실물자산 6억 원 (75%)	주택	6억 원	75%	순자산 (63%)	5억 원	63%
	토지	-				
	기타	-				
자산		8억 원	100%	부채&순자산	8억 원	100%

[목표 자산] 10억 원
[목표 기간] 20년 (60세까지)
[목표 달성률] 50%

우리집 자산	금융:실물=50:50인가?
우리집 부채	자산 대비 30% 이하인가?
우리집 순자산	평균(또는 목표) 대비 부족액은?

현금 수지표는 매월 수입과 지출을 정리하는 표입니다. 송영욱 대표는 주 수입 80%, 부수입 20%의 비율을 유지하고, 지출

은 60%, 투자는 40%로 목표를 정했습니다. 일반적인 가구의 저축률이 25% 수준인 것에 비해 훨씬 높은 투자 비율을 유지하는 것입니다.

예시: 현금 수지표, 송영욱 대표

1월현금유입				1월현금유출				[유입 목표]
항목		금액	비율	항목		금액	비율	주수입 : 부수입 = 80% : 20%
주수입 (100%)	기본급	3,000,000	75%	투자 (22%)	고정 투자	적금	500,000	11%
	성과급	1,000,000	25%			펀드	500,000	11%
		-	0%			-	-	0%
		-	0%	변동 투자	주식	-	-	[유출 목표]
		-	0%		ETF	-	0%	투자 : 지출 = 40% : 60%
부수입 (0%)		-	0%	지출 (78%)	고정 지출	생활비	2,300,000	51%
		-	0%			대출이자	500,000	11%
		-	0%			보험료	500,000	11%
		-	0%		변동 지출	경조사비	100,000	2%
		-	0%			기타	100,000	2%
총수입합계		4,000,000	100%	투자&지출합계		4,500,000	100%	

우리집 소득	월수입은 평균(목표) 이상인가?
우리집 수지	월소득 대비 저축과 소비의 비중은?
우리집 목표	목표 달성을 위해 얼마 더 필요한가?

"처음 만들 때는 한 시간 정도 걸리지만, 익숙해지면 10분이면 됩니다. 이런 시스템을 갖춘 사람들이 자산을 잘 불려 나가더라고요. 돈을 잘 모으는 사람 중에 대충 하는 사람은 한 명도 없었어요."

지출의 3가지 원칙: 브랜드보다 기능을

실제 지출을 줄이는 구체적인 방법은 무엇일까요? 신동국 작가는 지출의 3가지 원칙을 제시합니다. 삼성경제연구소, 대신증권 등에서 28년간 근무하고 〈반은퇴〉를 출간한 그는 퇴직 후 수입이 50% 이상 줄어든 상황에서 생활비 다이어트를 실천하고 있습니다.

첫째, <u>브랜드가 아니라 기능을 보라</u>. "스타벅스를 마시지 말고 커피를 마셔라"는 것이 핵심입니다. 같은 기능이라면 굳이 비싼 브랜드를 고집할 필요가 없다는 뜻입니다. 물론 "와인은 포기할 수 없다"라거나 "이것만은 브랜드를 고집하겠다"는 개인의 선택은 존중해야 합니다. 모든 걸 기능 위주로 선택하라는 게 아니라, 우선순위를 정해 선택과 집중을 하라는 의미입니다.

둘째, <u>분석가가 아니라 소비자가 돼라</u>. "지금 안 사면 후회할 것 같은" 할인 정보에 현혹되지 말라는 뜻입니다. 유럽 여행이 500만 원에서 230만 원으로 할인됐다고 해서 덜컥 예약하는 순간, 호텔비, 렌터카비, 여행용 옷값 등 추가 지출이 줄줄이 따라옵니다. "싸다"는 분석에서 끝내고 소비로 이어지지 않도록 주의해야 합니다.

셋째, <u>반드시 적어서 확인하라</u>. "나는 얼마 안 쓴다"고 생각하지만 실제로 적어 보면 다릅니다. 카드 명세서를 확인하는 것과 실제 지출 패턴을 분석하는 것은 다른 문제입니다. "어제 친구들과 맥주 먹는 데 12만 원 썼다"는 것은 확인해도, "한 달에 친구들과 술 마시는 데 총 얼마를 썼는지"는 계산하지 않는 경우가 대부분입니다.

가장 어려운 문제는 가족 부양비입니다. 부모님 부양과 자녀 교육비는 쉽게 줄일 수 없는 지출이기 때문입니다. 부모님 부양에 대해서는 신동국 작가는 "현실적으로 선택이 없다"는 견해를 보입니다. "우리 부모님 세대가 우리를 위해 평생 살았는데, 할 수 있는 만큼 최대한 하는 것이 맞다"는 것입니다.

하지만 자녀에 대해서는 좀 더 냉정한 접근이 필요합니다. 신동국 작가는 이렇게 말합니다. "자녀 세대는 120세까지 살아야 하고, 우리 은퇴자들도 앞으로 30년 이상 살아야 합니다. 내 앞가림하기도 힘든 상황에서 무작정 지원만 할 수는 없어요."

특히 자녀들이 어느 정도 철이 들면 현실을 설명해 주는 것이 중요합니다. "아빠 엄마도 90살까지 살아야 하는데, 아빠가 90살에 죽으면 너는 65살이야. 그때까지 어떻게 할 건데? 미리 네가 자립해서 준비해야 하는 거 아니야?"

이런 대화가 냉정해 보일 수 있지만, 고령화 시대의 현실을 자녀에게도 인식시켜 주는 것이 장기적으로는 가족 모두에게 도움이 됩니다.

작은 실천부터 시작하는 지출 관리

거창한 계획보다는 작은 실천부터 시작해 보시기 바랍니다. 우선 3개월간 실제 지출을 기록해 보세요. 생각으로 쓰는 예산이 아니라 실제 사용한 금액을 정확히 파악하는 것이 첫 번째 단계입니다.

그다음 월 1회 자산 검진과 현금 수지 점검을 해보세요. 30분 투자로 내 재정 상태를 정확히 파악할 수 있습니다. 목표 자산을 설정하고 달성률을 확인하다 보면 자연스럽게 경각심이 생기고 무엇을 준비해야 할지 보이기 시작합니다.

마지막으로 지출의 우선순위를 정해보세요. 모든 지출을 다 줄일 수는 없습니다. 하지만 "이것만은 포기할 수 없다"와 "이건 좀 줄여도 되겠다"를 구분하는 것만으로도 큰 변화가 시작됩니다. 노후는 준비하는 사람에게만 안전합니다. 지출 관리는 노후를 지키는 가장 확실한 방패입니다.

15 노후에 집은 자산일까, 짐일까?

　27년간 재무설계 전문가로 활동하며 〈내 은퇴통장 사용설명서〉를 집필한 이천 전문가에게 얼마 전 특별한 가족이 찾아왔습니다. 75세 아버님과 어머님, 그리고 세 남매 자녀였죠. 세 남매는 각자 가정에서 매월 50만 원씩 모아 총 150만 원을 부모님 생활비로 드리고 있었습니다. 부모님으로서는 자식들에게 손을 벌리는 것이 당당하지 못하다고 느끼셨고, 자녀들 역시 부모님 부양으로 인해 자신들의 노후 준비를 제대로 하지 못하고 있었죠.

　딸이 먼저 말을 꺼냈습니다. "어머님, 주택연금에 가입하시는 게 어떨까요?"

　사회복지 공무원 신아현 씨가 쓴 〈나의 두 번째 이름은 연아입니다〉에는 부산에 사는 70대 이모할아버지가 소개됩니다. 동네 주민들 사이에선 '깡통할아버지'로 통하는데, 그 이유가 8억

이 넘는 아파트를 소유하고 있지만 공과금 낼 현금이 없어서 전기, 가스, 수도가 끊겨서 궁핍한 생활을 하고 있기 때문입니다. 아파트 이외에는 먹을 것도 입을 것도 여의치 않은 극심한 빈곤 상태였습니다. 집은 자산으로 존재했지만, 금융자산이 부족해 기본적인 생활비조차 마련할 수 없었습니다.

이천 전문가는 다양한 상담 사례를 접해왔습니다. 그가 만난 한 가족의 사연에서 주택연금에 대한 대표적인 오해들을 확인할 수 있었습니다. 그 어머님이 주택연금을 반대하셨던 이유는 크게 두 가지 오해 때문이었습니다.

첫 번째는 "집은 자식들에게 물려줘야 하는 것"이라는 생각이었습니다. 많은 부모가 가지고 있는 고정관념이죠. 하지만 정작 자녀들은 부모님의 노후를 위해 매월 목돈을 지출하며 자신들의 미래를 걱정하고 있는 현실입니다.

두 번째는 주택연금에 대한 막연한 불안감이었습니다. "나중에 집을 빼앗기는 것 아니야?" "손해 보는 거 아닌가?" 같은 걱정들 말이죠.

이천 전문가는 "주택연금은 말 그대로 '연금'이지만, 사실은 역모기지론입니다. 보증 비용과 대출 비용을 내야 하는 금융 상품이죠. 하지만 중요한 것은 집에 살면서도 매월 현금을 받을 수 있다는 점"이라고 설명합니다.

주택연금 가입 현황을 보면 국민의 관심이 얼마나 높아지고 있는지 확인할 수 있습니다. 한국주택금융공사의 주택연금 상품은 2007년 첫 판매 당시 515명이었던 가입자 수가 2022년 10만 명을 넘어섰고, 2025년 2월 기준으로는 13만 7,887명에 이르렀습니다. 18년간 약 267배가 증가한 것입니다.

깡통할아버지 같은 상황을 해결할 수 있는 현실적인 대안이 바로 주택연금인 것입니다. 8억 원 아파트를 가진 할아버지가 매월 안정적인 현금을 받을 수 있다면, 전기·가스·수도가 끊기는 일은 없었을 것입니다.

주택연금 가입 조건과 타이밍: 70세에 가입하면 3배 더 받는다

2025년 현재 주택연금 가입 조건은 다음과 같습니다. 부부 중 한 명이 55세 이상이면 되고, 공시가격 기준 12억 원 이하 주택이면 가능합니다. 주거 용도의 오피스텔도 가능하며, 다주택자인 경우에도 모든 주택의 공시가격 합산이 12억 원 이하라면 신청할 수 있습니다.

이천 전문가는 "주택연금은 가능한 한 늦게, 다른 선택지들을 모두 써본 후 '최후의 보루'로 활용하시길 권합니다"라고 조언합니다.

예를 들어 3억 원 정도 되는 일반주택으로 55세에 종신 지급 방식, 정액형으로 주택연금을 선택하면 월 44만 원 정도밖에 받지 못합니다. 하지만 70세에 선택하면 90만 원 정도를 받을 수 있어요. 한 번 정해지면 집값이 오르든 떨어지든 연금액이 변하지 않기 때문에, 너무 적은 금액을 평생 받게 될 수도 있습니다. 그래서 주택연금은 예를 들어 70세 정도에, 모아놨던 퇴직금도 줄어들고 다른 수입원이 부족해질 때 선택하는 것이 현명합니다.

주택 공시가별 예상 연금 조회

일반주택(종신지급방식, 정액형) (단위: 천 원)

연령	주택가격											
	1억원	2억원	3억원	4억원	5억원	6억원	7억원	8억원	9억원	10억원	11억원	12억원
55세	147	295	443	591	739	887	1,035	1,183	1,331	1,479	1,627	1,774
60세	200	400	600	801	1,001	1,201	1,402	1,602	1,802	2,003	2,203	2,403
65세	242	485	727	970	1,212	1,455	1,698	1,940	2,183	2,425	2,668	2,911
70세	297	595	892	1,190	1,487	1,785	2,082	2,380	2,677	2,975	3,272	3,275
75세	371	742	1,113	1,484	1,855	2,227	2,598	2,696	3,340	3,535	3,535	3,535
80세	474	949	1,424	1,899	2,374	2,849	3,324	3,799	3,936	3,936	3,936	3,936

출처: 한국주택금융공사

더 자세한 사항은 한국주택금융공사 홈페이지(https://www.hf.go.kr/)에서 '주택연금 〉 예상연금조회' 기능을 이용하면 손쉽게 확인할 수 있습니다.

만약 깡통할아버지가 주택연금을 활용했다면, 8억 원 아파트로 매월 230만 원 이상의 안정적인 수입을 확보할 수 있었을 것입니다. 이는 전기·가스·수도 요금은 물론 기본적인 생활비까지 충분히 해결할 수 있는 금액입니다.

이천 전문가가 특히 강조하는 부분이 있습니다. "주택연금을 해지하면 3년 이내에는 재가입할 수 없습니다. 집값이 올랐을 때 해지하고 집을 팔려고 했다가, 타이밍을 놓쳐서 집을 못 파신 분들이 있어요. 그런 분들은 현금 흐름은 없는데 주택연금에도 재가입할 수 없어서 곤란한 상황에 부닥치게 됩니다."

실제로 집값이 막 폭등했을 때 해지하신 분들이 많았는데, 3년을 기다렸다가 다시 가입해야 하는 상황이 발생했습니다. 왜냐하면 해지하면 그동안 받았던 걸 다 상환해야 해서 집을 팔아서 현금화시키려고 한 것인데요. 사람의 욕심이 그렇듯이 집값이 조금 더 오를 것을 기대하며 팔지 못한 경우입니다. 주식 투자처럼 매도 매수 타이밍이 어려워서 못 팔다가 결국 시간이 흘러 집값이 뚝 떨어진 것입니다.

품위 있는 노후를 위한 주택연금 활용법

앞서 얘기한 아버님의 마음이 특히 인상 깊습니다. "품위 있게 살고 싶다. 용돈도 좀 쓰고 싶다." 남자들은 대부분 나이가 들어도 친구들과 만나는 시간을 중요시합니다. 그런데 매일 얻어먹기만 하면 결국 나가지 않게 됩니다. 집에만 있으면서 사람도 안 만나고 하다 보면 더 빨리 늙어버립니다.

주택연금을 받게 되면 부부가 자식들에게 손 벌리지 않고도 생활할 수 있습니다. 어떻게 보면 손주들한테 용돈도 줄 수 있고, 여유가 생기면 다양한 활동도 할 수 있게 되는 거죠.

결국 그 어머님도 설득이 되었습니다. 자녀들이 매월 150만 원씩 부담하던 것이 없어지니까, 자녀들도 자신들의 노후 준비를 할 수 있게 되었고요.

이천 전문가는 "세상이 많이 변했습니다. 예전에는 자녀들이 주택연금 가입을 반대했다면, 이제는 오히려 자녀들이 먼저 권하는 경우가 많아졌어요. 상속에 대한 인식도 달라지고 있고, 부모님의 품위 있는 노후가 더 중요하다고 생각하는 자녀들이 늘어나고 있습니다"라고 말합니다.

이천 전문가는 은퇴 준비를 할 때 꼭 기억했으면 하는 '3더 원칙'을 강조합니다.

첫 번째, **더 긴 시간**입니다. 100세 시대라고 하잖아요. 50대라면 아직 인생의 절반밖에 살지 않은 겁니다. 앞으로 살아갈 시간이 더 많으므로, 지금 당장 시작해도 늦지 않습니다.

두 번째, **더 많은 금액**입니다. 지금 개인연금에 30만 원 넣고 있다면, 35만 원, 40만 원으로 조금씩 늘려보세요. 다른 소비를 조금 줄이더라도 노후 준비에 더 많이 투자하면 시간과 복리의 힘으로 나중에 큰 도움이 될 것입니다.

세 번째, **더 높은 수익률**입니다. 물론 너무 높은 수익률을 기대하면 안 됩니다. 주식 투자로 큰 손실을 본 이들도 많습니다. 국민연금 기금운용본부의 1988년부터 2024년까지 누적 수익률이 연평균 6.82% 정도입니다. 전문가들이 장기 투자, 분산 투자를 통해 달성한 수익률입니다. 연평균 5~6% 정도만 꾸준히 올려도 은퇴 자금 마련에 큰 도움이 됩니다.

이천 전문가는 "주택연금은 마지막 카드입니다. 기본적으로는 국민연금, 개인연금으로 월급 받듯이 받는 시스템을 먼저 만드세요. 그리고 시간이 흘러 부족한 부분이 생길 때, 주택이 있다면 최후의 선택지로 활용하시면 됩니다"라고 조언합니다.

주택연금은 깡통할아버지 같은 극단적인 상황뿐만 아니라, 집은 있지만 현금 흐름이 부족한 많은 고령자에게 현실적인 해법이 될 수 있습니다. 중요한 것은 적절한 시기에 신중하게 결정하는 것입니다.

16 오십 이후에 버려야 하는 습관 3가지

나이 오십, 어떤 의미로 다가오나요? 오십 이후부터는 체력도 떨어지고 무언가 새롭게 시작하려는 열정도 식어가는 나이입니다. 그렇다고 '지금까지 살아온 대로 살면 되지, 이 나이에 뭘 또 새롭게 도전해'라고 생각하기엔 너무 이른 나이이기도 합니다.

하지만 현실은 그렇게 호락호락하지 않습니다. 대한민국 중장년층들의 노후 준비는 나아지기보다는 점차 악화하고 있는 것이 현실입니다. 2024년 12월 23일 기준, 우리나라 65세 이상 주민등록 인구는 1,024만 4,550명으로 전체 주민등록 인구의 20.0%를 차지했습니다. 우리나라가 공식적으로 초고령사회에 진입한 것입니다.

2014년 우리들 마음을 정말 안타깝게 했던 사건이 발생했습니다. 서울 동대문구의 한 빌라에서 생활고를 비관한 60대의 최 모 씨가 흰 봉투에 "고맙습니다. 국밥이나 한 그릇 하시죠. 개의

치 마시고"라는 유서를 남기고 스스로 목숨을 끊었습니다. 봉투에는 10만 원가량의 돈이 들어 있었고, 옆에는 본인의 장례비와 밀린 전기세를 내달라며 100여만 원의 현금이 들어 있었다고 합니다.

어느 누가 이런 비참한 상황을 비관하며 생을 마감하고 싶겠습니까? 그래서 평범하지만 행복하고 의미 있는 노후를 준비하기 위해서 은퇴 전문가들은 오십 이후에 꼭 버려야 할 3가지 습관이 있다고 조언하고 있습니다.

첫 번째 습관: 늦었다는 후회와 체념하는 습관

오십 이후에 버려야 할 첫 번째 습관은 '늦었다는 후회'입니다. 미국의 한 노인 학교에 77세 노인이 있었습니다. 이 노인의 일과는 멍하니 하늘을 바라보거나 다른 노인과 이야기하는 것이 전부였습니다. 어느 날 자원봉사자가 다가와서 "할아버지, 그렇게 앉아 있지 말고 그림을 그려 보세요"라고 말했습니다. 그러자 이 노인은 "내가 그림을? 에이, 난 붓을 잡을 줄도 모르는데?"라고 말했습니다.

자원봉사자가 "지금부터 배우면 되죠! 그림 배우는 데 나이는 문제가 되지 않아요. 할 수 없다고 생각하는 그 마음이 문제죠"라고 대답했습니다. 이 자원봉사자의 권유로 이 할아버지는 77세에 붓과 물감으로 그림을 그리기 시작했습니다. 그리고 101살에 22번째 전시회를 열었고 103세에 생을 마감했습니다. 이 할아버지가 바로 미국의 샤갈이라고 불리던 해리 리버먼입니다. 해리 리버먼은 "몇 년이나 더 살 수 있을지 생각하지 말고, 내가 어떤 일을 더 할 수 있을지 생각해 보세요"라는 말을 남겼습니다.

비단 해리 리버먼뿐만 아니라 늦은 나이에 새로운 도전을 통해 성공한 사람은 너무나 많이 있습니다. 맥도날드 창업자 레이 크록이 사업을 처음 시작한 나이는 53세입니다. 전북 완주에 사는 차사순 할머니는 운전면허 필기시험에서 959번 떨어진 후 960번째 도전에야 면허증을 손에 넣었습니다. 이렇게 면허를 따려고 노력한 이유는 딸 집에 직접 가기도 하고 시장 가서 장사도 하고 손주들이랑 놀러 다니고 싶어서라고 말했습니다. 정말 소박한 이유였기에 더 큰 감동을 주었습니다.

서울대학교 심리학과 한소원 교수는 "나이가 들면서 '이제 새로운 걸 하긴 뭘 해' 이런 생각을 하시는 경우가 있는데 이것은 정말 주의해야 될 점"이라고 강조합니다. 우리가 계속 배우고 도전하고 활발하게 신체 활동을 해야 하고 또 계속 새로운 사람들을 만나야 행복한 노후를 보낼 수 있다고 조언하고 있습니다.

두 번째 습관: 명함과 과거 지위에 의존하는 습관

오십 이후에 버려야 할 두 번째 습관은 '명함'입니다. 우리는 새로운 사람을 만날 때뿐 아니라 오래간만에 만나는 친구나 지인들 앞에서 당연하듯 서로의 명함을 주고받습니다. 우리는 명함으로 타인을 평가하고 판단하려는 경향이 있습니다. 그런데 이런 명함이 하루아침에 없어진다면 어떨까요?

25년간 유통업계에 종사하며 롯데마트 상무로 재직하다가 하루아침에 퇴직 통보를 받은 후 〈아들아 돈 공부해야 한다〉라는 책으로 대박을 터트린 정선용 작가는 한 인터뷰에서 이렇게 말했습니다.

"명함이 어떤 사람의 사회적 지위를 대변해 주잖아요. 저도 롯데마트에 있을 때 임원 명함을 가지고 어딜 가든지 다 대접을 해줬어요. 그런데 퇴직하는 순간에 다 사라져요. 내가 가지고 있는 지위가 아니라 회사에 있는 지위를 내가 일부 빌려다가 사용했던 것에 지나지 않는다는 것이죠."

강찬영 소장도 대기업 임원 출신이라서 퇴직 후에 협력 업체에 쉽게 취업될 것으로 생각했다고 합니다. 실제로 예전 인맥을 동원해서 면접은 보았지만 기존 임원들이 다른 외부 인물이 들어오는 것을 원하지 않았기에 입사를 못 했다고 합니다. 앞에서는 '저희랑 함께하면 되죠~'라고 말은 하지만 합격자 명단에서는 아예 제외해 버렸던 것입니다.

결국 2년간 실업 상태로 있던 남편은 대기업 임원 출신이라는 타이틀을 내려놓고 물류센터에서 육체노동을 하는 택배 분리 작업 일을 시작했다고 합니다. 이처럼 50대가 되면 그동안 회사 일을 하면서 알게 된 고객이나 협력 업체 직원, 회사 동료나 선배들과 같은 인적 네트워크나 수십 년간 일해 온 업무 노하우를 잘만 활용하면 노후에도 뭔가 돈을 벌 수 있을 것이란 막연한 기대를 하고 있는 중년들이 많이 있습니다.

하지만 퇴직하게 되면 명함에 적힌 회사 이름이나 직책이 연기처럼 하늘로 사라질 가능성이 매우 높습니다. 그래서 명함에 적힌 회사나 직책을 버리고 차가운 현실을 빨리 직시해야 새로운 환경에 적응하고 변화할 수 있습니다.

세 번째 습관:
생활 방식을 바꾸지 않으려는 고집스러운 습관

오십 이후에 버려야 할 세 번째 습관은 은퇴 전후 생활 방식을 바꾸지 않으려는 고집입니다. 현실적으로 은퇴 후에는 수입이 급격히 줄어들지만, 생활비는 여전히 필요합니다. 통계청이 발표한 '2024년 가계금융복지조사'에서는, 은퇴하지 않은 가구주가 생각하는 은퇴 후 가구주와 배우자의 월평균 적정 생활비는 336만 원, 최소 생활비는 240만 원으로 집계됐습니다.

하지만 소득이 줄었는데도 소비 습관을 바꾸지 못한다면 통장 잔액은 금방 바닥나고 맙니다. 미래에셋 투자와연금센터의 김동엽 상무는 "소득이 줄어들면 그에 맞춰 씀씀이도 줄여야 하지만 한번 높아진 소비 수준은 낮아지기 힘들고 가족들 저항도 커서 생각처럼 쉽지 않다"면서 "은퇴가 임박했다면 온 가족이 한마음으로 덜 쓰고 불편하게 살면서 짐을 줄이는 연습을 해야 한다"고 말했습니다.

또한 건강 관리를 소홀히 하는 생활 습관도 반드시 바꿔야 합니다. 2022년 65세 이상 고령자의 1인당 진료비는 522만 9천 원, 본인부담금은 123만 6천 원으로 전년 대비 각각 25만 6천 원, 6만 8천 원 증가했습니다. '죽기 전 10년은 앓다가 간다' '평생 의료비의 절반은 70세 이후에 쓴다'는 말처럼 나이가 들면 의료비 지출이 급격히 늘어납니다.

특히 간병비는 건강보험이 적용되지 않아서 사비로 충당해야 하는데, 최근 인건비 상승으로 월 300만 원에서 400만 원이 드는 경우가 태반입니다. 이렇게 사적 간병비가 가계 주요 부담으로 떠오르면서 다양한 보험사가 간병 보험 상품을 내놓고 있습니다.

간병 보험은 두 가지로 나뉘는데요. 간병인 보험과 간병비 보험으로 구성되어 있습니다. 아래 표는 간병인 보험과 간병비 보험 차이를 보여줍니다.

간병인 보험과 간병비 보험 차이

	간병인보험	간병비보험
정의	간병인지원일당이라고도 불리며, **보험사가 간호 전문인을 직접 배정해 주는** 보험	간병인사용일당으로도 불리며, **가입자가 간병인을 직접 고용하면 보험사에서 현금을 지급**하는 방식
장점	- 간병인을 보험사가 보내줘서 편리함 - 인건비가 상승해도 비용 걱정이 없음	- 원하는 간병인을 선택할 수 있음 - 가족이 간병하고도 보험금을 받을 수 있음 - 갱신형과 비갱신형 선택 가능
단점	- 대부분 갱신형 보험이라 보험료 인상 가능 - 총 보장일에 제한이 있는 경우가 많음	- 간병인 고용, 교체, 관리를 직접 해야 함 - 인건비 상승에 대비해야 함

다만, 간병 보험은 일부 비용을 일당 또는 정액 형태로 보장하지만, 월 300~400만 원대 비용 전체를 상쇄하기엔 한계가 있습니다. 또한 갱신형 구조, 보장 한도·일수 제한이 있어, 일부만 경감되고 개인별 효과 편차가 큽니다.

노후에는 건강을 잘 지키기만 해도 흑자 인생을 보낼 수 있습니다. 건강이 곧 돈이기 때문입니다. 음주, 야식, 흡연, 과식, 소파와 한 몸이 되는 생활 등과 같은 나쁜 생활 습관은 건강을 해치며 노후 파산의 원인이 됩니다. 사랑하는 자녀에게 부모 부양으로 경제적인 부담을 주지 않는 가장 손쉬운 방법이 본인 건강 관리입니다.

평소엔 잊기 쉽지만 치아 관리에도 힘써야 합니다. 치아가 부실하면 먹는 즐거움이 사라지고 식욕 저하로 만성적 영양 불량 상태에 빠지기 쉽습니다.

마지막으로 퇴직금으로 인생 역전을 베팅하는 위험한 습관도 버려야 합니다. "일흔 넘으면 힘 빠져서 돈 쓸 일도 별로 없을 텐데요"라고 생각하는 분들이 있지만, 노년기에는 노부모 간병, 자녀 지원, 배우자 병환, 주택 수리 등 오히려 예상치 못한 목돈 지출이 발생하기 쉽습니다.

나중에 퇴직금을 받을 테니까 저축은 필요 없다는 생각도 위험합니다. 퇴직금을 일시금으로 받아서 주식이나 부동산 등에 투자하겠다는 유혹도 생길 수 있지만, 성급히 결정하면 나중에 후회하기 쉽습니다. 나이 들어서 투자에 실패하면 젊을 때처럼 패자부활전이 어렵기 때문입니다.

오십 이후에 버려야 할 3가지 습관을 정리하면 '늦었다는 후회와 체념하는 습관' '명함과 과거 지위에 의존하는 습관' 그리고 '생활 방식을 바꾸지 않으려는 고집스러운 습관'입니다.

하지만 희망은 있습니다. 지금부터라도 잘못된 습관을 버리고 올바른 준비를 한다면 충분히 행복한 노후를 맞이할 수 있습니다. 늦었다고 생각하지 말기 바랍니다. 77세에 그림을 시작해서 101세에 전시회를 연 해리 리버먼처럼, 960번 만에 운전면허를 딴 차사순 할머니처럼, 53세에 맥도날드를 창업한 레이 크록처럼 새로운 시작은 언제든 가능합니다.

오늘부터 변화를 시작해 보기 바랍니다. 새로운 것을 배우고, 과거의 지위에 연연하지 말고, 건강한 생활 습관을 만들어 보세요. 작은 변화가 모여 큰 변화를 만들어냅니다. 평범하지만 행복하고 의미 있는 노후를 맞이하기를 진심으로 응원합니다.

17 재테크, 늦은 건 없다

〈한국경제신문〉 신성호 연구위원은 "55세에 퇴직금 2억 받았는데, 이제 투자 시작해도 될까요?"라는 질문을 받는 횟수가 늘어나고 있다고 합니다. 많은 분이 은퇴를 앞두고서야 비로소 재테크의 필요성을 절감하게 되는데, 과연 늦은 시작일까요? 전문가들과 실제 은퇴자들의 경험담을 통해 살펴보면, 답은 분명합니다. "전혀 늦지 않았습니다."

월배당 ETF, 은퇴자들의 새로운 선택

신성호 연구위원은 "생각보다 50대, 60대 투자자들이 많다"며 "특히 퇴직연금을 ETF로 운용하시는 분들이 꽤 많다"고 말합니다. 실제로 국내 ETF 시장은 2023년 6월 순자산 총액이 100

조 원을 돌파한 후 2025년 6월 기준 200조 원 규모로 불과 2년 만에 급성장했습니다. 2002년 출시 후 23년 만입니다. 이런 급성장의 배경에는 은퇴자들의 적극적인 참여가 있었습니다.

특히 주목받는 것은 월배당 ETF입니다. 신 연구위원은 "지금 우리나라에서 많이 판매되는 월배당 ETF 상위권에 있는 것들이 대부분 커버드콜"이라며 "매월 1%씩 주는 ETF들이 꽤 있다"고 설명합니다. 예를 들어 미국 30년 국채 커버드콜 상품들은 한 달에 1%씩 배당을 주는데, 이는 코스피 연간 배당 수익률 2.2%보다 훨씬 웃도는 수준입니다.

코스피 시장 투자지표 현황 (한국거래소) (단위: 배, %)

구분	'25.5.2 ('24.4Q 재무제표 반영)			'24.5.2 ('23.4Q 재무제표 반영)		
	PER	PBR	배당수익률	PER	PBR	배당수익률
코스피	12.7 (▼8.0)	0.9 (▼0.1)	2.2 (▲0.3)	20.7	1.0	1.9
코스피200	11.0 (▼10.2)	0.8 (▼0.2)	2.4 (▲0.4)	21.2	1.0	2.0

커버드콜이란 주식을 보유하면서 동시에 콜옵션을 매도하는 전략입니다. 옵션 프리미엄을 받는 대신 상승폭은 제한되지만, 안정적인 월배당을 받을 수 있어 현금 흐름이 중요한 은퇴자들에게 적합합니다. 최근에는 100% 전체를 옵션 매도하지 않고 일부만 매도해 상승 여력을 남겨두거나, 위클리나 데일리 커버드콜로 더욱 세밀한 전략을 구사하는 상품들도 등장했습니다.

하지만 전문가들은 한목소리로 강조합니다. 아무리 좋은 상품이라도 준비 없이 큰돈을 투자해서는 안 된다는 점입니다. 배당 투자로 월배당금 500만 원 달성 후 퇴직한 유튜버 리치노마드는 "대부분의 직장인이 퇴직금이 집안의 전 재산인 경우가 90%"라며 "2억 원이 들어가 있어 하루에 1%만 움직여도 200만 원이 날아가는데, 보통 사람이라면 못 견딘다"고 지적합니다.

그래서 더욱 중요한 것이 '전환 연습'입니다. "퇴직을 앞두고 1~2년 정도 앞둔 상황에서는 전환하는 연습을 해야 된다"며 "근로소득을 자본소득으로 전환하는 연습"이 필요하다고 그는 강조합니다.

구체적으로는 한 달에 100만 원, 200만 원씩 투자하면서 변동성에 익숙해지는 과정이 필요합니다. "100만 원이 1% 움직일 때 만 원이 왔다 갔다 합니다. 아깝긴 하지만 커피 한잔 사 먹었다 생각할 수 있고, 1천만 원에서 1% 왔다 갔다 하면 10만 원이 움직이는데 그것도 굳은살이 박이면서 내공이 쌓인다"는 설명입니다.

실제로 은퇴 후 배당투자로 성공한 사례도 있습니다. 2023년 4월 퇴직한 황금별 최윤영 씨는 현재 월 500만 원가량의 배당금을 받고 있습니다. 그는 2020년부터 배당투자를 시작해 2021년부터 본격적으로 3억 원 정도로 투자를 시작했습니다.

최 씨는 "처음에는 월 100~150만 원 정도의 배당을 받았지만, 2023년에는 월평균 300만 원, 2024년에는 500만 원 정도의 월배당금을 받았다"고 말합니다. 4년간 누적 배당금은 1억 5천만 원에 달하는데, 이 중 1억 2천만 원은 재투자하고 3천만 원 정도만 생활비로 사용했다고 합니다.

하지만 최 씨도 강조하는 것은 "배당금을 다 그대로 쓰는 것은 추천하지 않는다"는 점입니다. "은퇴하고 나서는 배당소득이 굉장히 중요한 소득의 원천이 되기 때문에 함부로 쓸 수가 없다"며, 배당금을 재투자용, 비상금, 생활비로 나누어 관리하는 것이 중요하다고 조언합니다.

구체적인 포트폴리오 전략

은퇴자를 위한 구체적인 포트폴리오는 어떻게 구성할까요?

2억 원으로 연 2천만 원(월 170만 원)의 현금 흐름을 만든다면 연 10% 수익률이 필요합니다.

리치노마드가 제시한 포트폴리오에는 코스피 위클리 커버드콜 상품(세금 영향 최소화), 국내 고배당 ETF(연 5% 배당+10% 성장), 리츠(현재 배당률 8% 수준), 미국 다우존스 커버드콜(연 12%

배당투자 유튜버 리치노마드가 제시한 2억 포트폴리오

종목코드	종목명	비중	총투자금액	배당률	배당금(세전)	월 배당금
498400	KODEX 200 타겟위클리커버드콜	15%	30,000,000	15.0%	4,500,000	375,000
161510	PLUS 고배당주	10%	20,000,000	5.2%	1,040,000	86,667
476800	KODEX 한국부동산리츠인프라	10%	20,000,000	8.8%	1,760,000	146,667
483290	KODEX 미국배당다우존스타겟커버드콜	15%	30,000,000	12.0%	3,600,000	300,000
441640	KODEX 미국배당커버드콜액티브	10%	20,000,000	8.7%	1,740,000	145,000
481060	KODEX 미국30년국채타겟커버드콜(합성 H)	15%	30,000,000	12.0%	3,600,000	300,000
미국	PDI	15%	30,000,000	13.2%	3,960,000	330,000
488770	KODEX 머니마켓액티브	10%	20,000,000	3.10%	620,000	51,667
	합계	100%	200,000,000	10.4%	20,820,000	1,735,000

수준), 미국 배당 커버드콜 액티브 상품(연 9%, 안정성 높음), 미국 30년 국채 커버드콜(월 1% 배당), 현금성 자산(머니마켓 등 3% 대) 등이 포함됩니다.

중요한 것은 투자하기 전에 신중하게 공부를 한 후 결정해야 한다는 사실입니다. 또한 한 번에 큰 금액을 투자하면 안 된다는 점입니다. "10번에 나누어 들어갈 건지, 5번에 나누어 들어갈 건지는 개인의 성향에 따라 다르지만, 원칙을 딱 만들어 놓고 해야 한다"고 조언합니다.

미국 주식 배당 투자 시에는 절세 전략도 중요합니다. 양도소득세, 배당소득에 대한 종합소득세와 건강보험료 추가 납부, 환율 변동 등을 모두 고려해야 합니다.

황금별 최 씨는 "주가 수익률과 환율, 절세 전략까지 삼박자를 잘 준비해 두는 것이 좋다"며 "ISA 계좌를 부부가 모두 활용하되, 일반 계좌와 병행해서 유연성을 확보하는 것이 중요하다"고 말합니다. 또한 시장 변동성에 대비해 현금 비중을 늘리는 것도 필요합니다. 최 씨는 "최근에는 30% 이상, 거의 40% 가까이를 현금성 자산과 미국 초단기 국채 중심으로 포트폴리오를 바꿔서 위기에 대응하고 있다"고 설명합니다.

결국 노후 재테크에서 가장 중요한 것은 '시작'입니다. 55세든 60세든, 퇴직금이 2억이든 5억이든 상관없습니다. 중요한 것은 자신의 상황에 맞는 계획을 세우고, 점진적으로 경험을 쌓아가는 것입니다. ETF 시장의 급성장과 월배당 상품의 다양화, 그리고 실제 성공 사례들이 보여주듯이 은퇴 후에도 충분히 안정적인 현금 흐름을 만들 수 있습니다. 다만 준비 없이 큰돈을 한 번에 투자하기보다는, 소액부터 시작해서 변동성에 익숙해지고 자신만의 투자 철학을 만들어가는 것이 성공의 열쇠입니다.

"노후 재테크, 너무 늦은 게 아니다"라는 말은 단순한 위로가 아닙니다. 올바른 전략과 충분한 준비만 있다면 언제든 시작할 수 있다는 희망의 메시지입니다.

18 자녀보다 나,
자녀로부터 경제적 독립

어느 비 오는 오후, 조용한 카페에서 55세 김민수 씨(가명)를 만났습니다. 그는 1년 전에 비자발적 은퇴를 하고 새로운 일자리를 찾는 중입니다. 퇴직금과 위로금(12개월 치 월급)을 합쳐 2억 원이 조금 되지 않는 금액입니다. 50대 직장인의 평균 퇴직 자산이 1억 2,300만 원 수준이니 김민수 씨는 그나마 괜찮은 편입니다. 그러나 연금 수령까지는 10년의 기간이 남아 있습니다. 그사이 둘째가 대학에 입학합니다. 그나마 첫째가 졸업하고 사회 초년생이 되어서 다행입니다. 그런데 두 아이가 결혼해야 하니 고민이 많습니다.

그의 얼굴에는 지난 세월의 흔적과 함께 최근의 고뇌가 깊게 새겨져 있었습니다. 따뜻한 차 한잔을 앞에 두고, 그는 조심스럽게 자신의 이야기를 풀어놓기 시작했습니다.

"돌이켜보면 정말 열심히 살았습니다. 젊은 시절부터 앞만 보고 달려왔죠. 가족을 위해, 저의 미래를 위해 한눈팔지 않고 일했습니다. 그런데 이렇게 모든 걸 내려놓고 나니, 다시 가난이 찾아온 것 같아요."

그의 목소리에는 깊은 한숨이 섞여 있었습니다. 퇴직금과 그간 모아둔 돈이 있었지만, 자녀 교육비, 주택 대출, 그리고 예상치 못한 의료비 등으로 빠르게 줄어들고 있다고 합니다. "돈 달라는 곳은 많은데, 정작 저에게 돈을 주겠다는 곳은 없더군요. 이 나이에 새로운 일을 찾으려 해도, 마땅한 자리가 없습니다. 경력은 화려하지만, 그건 젊은 시절의 이야기일 뿐이죠."

김민수 씨는 씁쓸하게 웃었습니다. "사람들은 '늦은 나이란 없다'고 말합니다. 물론 맞는 말일 겁니다. 하지만 몸은 솔직하더군요. 예전 같지 않게 체력은 떨어지고, 새로운 것을 배우는 속도도 더뎌지는 걸 느낍니다. 마음은 아직 뜨거운데 몸이 따라주지 않으니 답답할 따름입니다."

그의 이야기는 사회적 관계의 변화로 이어졌습니다. "회사에 있을 때는 주변에 늘 사람이 많았습니다. 동료들과 부하 직원들, 거래처 사람들까지. 그런데 퇴직하고 나니 그 많던 사람들이 하나둘 떨어져 나가는 것을 느낍니다. 처음에는 연락처에 2천 명 가까이 있었는데, 실제로 연락이 오는 사람은 10% 정도만 남더군요. 그리고 제가 직접 연락할 용기가 나는 사람은 그 10%

중에서도 또 10%밖에 안 됩니다. 결국 20명 남짓이죠. 앞으로 살아야 할 날이 훨씬 더 많은데, 이게 제 인맥의 전부라고 생각하니 막막합니다."

만남의 내용도 크게 달라지지 않는다고 했습니다. "만나면 하는 이야기는 뻔합니다. '그래도 살아야지' '옛날에는 좋았는데' '이런 약이 좋더라고요'… 이런 대화가 전부입니다. 서로에게 새로움을 줄 수 있는 이야기가 없으니, 만나도 공허함만 남는 것 같습니다." 그는 새로운 사람들을 만나고 싶지만, 그마저도 쉽지 않다고 덧붙였습니다. "뭔가 새로운 것을 시도해 보려고 해도 늘 조심스러워집니다. 실패하면 안 된다는 압박감, 또다시 경제적 어려움에 부닥칠까 봐 두려움이 앞섭니다."

김민수 씨는 창밖을 응시하며 말을 이었습니다. "지금 제가 느끼는 건, 단순히 돈이 없는 '경제적 빈곤'만이 아닙니다. 사람들과의 관계가 줄어드는 '관계의 빈곤', 그리고 삶의 활력과 새로운 의미를 찾지 못하는 '마음의 빈곤'까지. 이 모든 것이 저를 짓누르고 있는 것 같습니다."

그의 이야기는 대한민국 50대 퇴직자들이 직면한 현실의 단면을 고스란히 보여주었습니다. 사회의 주역으로 살아왔던 이들이 퇴직 후 겪는 다층적인 어려움, 즉 경제적, 사회적, 심리적 빈곤의 복합적인 그림자가 그의 삶을 에워싸고 있었습니다. 그의 눈빛에는 여전히 삶에 대한 의지가 남아 있었지만, 그 의지를 받쳐줄 현실의 벽은 너무나 높고 단단해 보였습니다.

은퇴를 앞두거나 이미 은퇴한 많은 5060세대를 만나보면, 자신보다 자녀 걱정이 앞서는 이들이 너무나 많습니다. 자녀의 학자금 대출 상환, 결혼 자금 마련, 주택 구매 지원 등, 자신의 노후 준비는 뒷전으로 미루고 자녀에게 모든 것을 쏟아붓는 것이 부모의 '당연한' 역할이라고 여기는 사람들이 적지 않습니다. 한국은 부모 3명 중 2명(66.9%)이 '자녀의 성공과 실패는 부모의 책임'이라고 인식한다는 한국보건사회연구원의 조사 결과(2024)가 있습니다. 이러한 강한 책임 의식이 자녀에 대한 과도한 물질적 지원으로 이어진다는 분석이 있습니다.

반면, 부모와 성인 자녀는 서로 독립적인 관계여야 한다고 인식하는 비율(76.2%)이 높음에도 불구하고, 실제 지원 의사는 매우 높게 나타나는 이중적인 경향을 보입니다. 다른 국가들은 자녀가 성인이 되면 경제적으로 독립하는 것을 당연하게 여기는 경향이 강하지만, 한국은 자녀가 성인이 되어서도 부모의 지원을 받는 것이 일반적인 문화로 자리 잡고 있습니다. 단호함이 요구됩니다. "자녀보다 나 먼저, 자신의 노후를 최우선으로 생각할 용기가 필요합니다."

이 말이 냉정하게 들릴 수도 있습니다. 자녀에 대한 사랑과 책임감은 부모로서 가장 깊은 감정 중 하나니까요. 그러나 현실은 우리가 생각하는 것보다 훨씬 더 냉혹합니다. 특히 한국 사회에서는 70대, 80대 노부모가 타는 연금으로 50대 이상의 성인 자녀가 생계를 유지하는 심각한 '8050 리스크'라는 현상이 확산하고 있습니다. 부모가 사망하면 이들 자녀의 생계 수단이 끊기기 때문에 개인의 불행을 넘어 사회 문제로 번질 수 있다는 경고까지 나오고 있습니다. 통계청 자료를 보면, 우리나라 65세 이상 고령층의 상대적 빈곤율은 OECD 국가 중 가장 높은 수준으로, OECD 평균의 두 배가 넘습니다. 이러한 통계는 우리 부모 세대가 짊어진 부담의 무게를 웅변합니다.

더욱 우려스러운 것은 이른바 '캥거루족'의 고령화 현상입니다. 〈한국경제〉(2022.10.16)는 결혼하지 않은 우리나라 30~40대 남녀의 절반 가까이가 부모와 함께 사는 것으로 보도했습니다. 구체적으로 비혼 30대의 49.7%, 40대의 48.8%가 부모와 동거한다고 합니다. 높은 전월세와 불안정한 일자리 앞에서 "전세금 모으려면 몇 년을 굶어야 한다. 독립이 사치처럼 느껴진다"는 33세 직장인의 한숨은 결코 남의 이야기가 아닙니다. 2024년 8월 보도된 〈중앙일보〉 기사를 보면, 경기도의 66세 배 모 씨는 요양병원에 계신 어머니의 병간호를 위해 직장을 그만두었음에도, 아직 취업하지 못한 30대 중반 둘째 아들에게 매달 생활비

70만 원을 지원하고 있다고 합니다. 심지어 일본 도쿄에서는 76세 아버지가 44세 아들을 흉기로 찔러 살해한 사건까지 발생하며 '캥거루족' 문제가 극단적인 비극으로 이어질 수 있음을 보여주기도 했습니다. 이처럼 은퇴 후에도 부모와 자녀 모두를 경제적으로 부양해야 하는, 이른바 '더블 케어' 사례가 늘고 있으며, 비동거 자녀에게 정기적으로 현금을 지원하는 65세 이상 노인의 비율이 10년 새 13배 이상 급증했다는 통계는 우리 부모 세대가 짊어진 부담의 무게를 웅변합니다. 이러한 상황에서, **부모와 자녀의 경제적 분리는 더 이상 선택이 아닌 필수가 되었습니다.**

그렇다면 왜 자녀보다 '나 먼저'여야 할까요?

첫째, **부모의 경제적 안정은 자녀에게 가장 큰 유산입니다.** 많은 부모가 자녀에게 '집 한 채 물려주겠다' 혹은 '결혼 자금이라도 보태주겠다'는 생각으로 평생을 모은 돈을 아낌없이 내어줍니다. 그러나 그렇게 해서 부모가 경제적으로 어려워지면 결국 그 부담은 고스란히 자녀에게 돌아오게 됩니다. 아픈 부모를 돌봐야 하고, 생활비를 지원해야 하는 자녀는 자신의 미래를 설계할 여유를 잃게 됩니다. 이는 자녀의 경제적 부담을 늘리고, 결과적으로 가계 전체의 불안정으로 이어집니다. 반대로, 부모가 경제적으로 독립적이고 안정적이라면, 자녀는 그 자체로 큰 안도감을 느끼고 자기 삶에 집중할 수 있습니다. 부모가 건강하게 자신의 삶을 즐기는 모습이야말로 자녀에게 줄 수 있는 최고의 선물입니다.

둘째, **부모의 삶의 질은 자녀에게 '진정한 독립'의 본보기가 됩니다**. 많은 자녀가 부모의 헌신적인 삶을 보며 죄책감을 느끼거나, 자신 또한 그렇게 살아야 한다는 무의식적인 강박에 시달리기도 합니다. 하지만 부모가 은퇴 후에도 활기차게 자신만의 삶을 개척하고 즐기는 모습을 보여준다면, 자녀는 '부모의 행복을 위해 나를 희생할 필요는 없다'는 건강한 인식을 가질 수 있게 됩니다. 이는 자녀가 부모에게 의존하지 않고 자신의 삶을 책임지는 진정한 독립으로 나아가는 데 긍정적인 영향을 미칩니다. 부모가 행복해야 자녀도 진정으로 행복할 수 있다는 말은 단순히 감성적인 이야기가 아니라 경제적, 심리적으로 연결된 현실입니다.

셋째, **우리 사회의 시스템 변화를 직시해야 합니다**. 과거에는 자녀가 부모를 부양하는 것이 당연한 문화였지만, 핵가족화와 저출산, 고령화가 심화하면서 이러한 전통적인 부양 시스템은 한계에 다다랐습니다. 이제는 국가와 사회 시스템, 그리고 개인의 자립 능력이 더욱 중요해지는 시대입니다. 자녀에게 모든 것을 기대는 것은 현실적이지도, 바람직하지도 않습니다. 오히려 부모 스스로가 자신의 노후를 책임질 수 있는 능력을 갖추는 것이 변화된 사회에 적응하는 현명한 자세입니다.

　이러한 마인드셋의 전환은 절대 쉽지 않습니다. 평생 자녀를 위해 헌신해 온 부모로서는 큰 결단이 필요합니다. '용기'라는 단어를 쓴 이유도 여기에 있습니다.

　첫째, **물질적인 자녀 지원을 줄이는 용기**가 필요합니다. 자녀의 필요에 따라 무조건 돈을 내어주는 대신, 자녀 스스로 문제를 해결하도록 독려하고 지켜보는 용기입니다. 때로는 자녀의 어려움을 외면하는 것처럼 느껴질 수도 있지만, 이는 장기적으로 자녀의 자립심을 키워주는 현명한 사랑의 방식입니다. 예를 들어, 결혼 자금 지원을 최소화하거나, 주택 구매에 직접적인 지원 대신 현실적인 대출 상담이나 정보를 제공하는 방식으로 전환하는 것입니다.

　둘째, **자녀의 성장을 믿고 기다려 주는 용기**를 가지십시오. 자녀가 부모의 도움 없이도 충분히 자신의 삶을 꾸려갈 수 있음을 믿는 용기입니다. 자녀가 넘어지고 실패하는 것을 보며 마음 아파하기보다, 그 과정을 통해 성장할 수 있다는 믿음을 가지고 기다려 주는 것이 필요합니다.

　셋째, **나 자신을 위한 투자를 우선하는 용기**를 가지십시오. 자녀에게 쓸 돈을 줄여서라도 나의 노후 자금에 투자하고, 나의 건강과 취미 생활에 비용을 아끼지 않는 용기입니다. 이는 이기적인 행동이 아니라, 나의 안정과 행복이 곧 자녀의 안정과 행복으로 이어진다는 큰 그림을 보는 지혜로운 선택입니다. 은퇴 후 새로운 일을 배우는 교육비, 건강 유지를 위한 의료비나 운동 비용, 심리적 안정을 위한 취미 생활비 등은 결코 낭비가 아니라 미래를 위한 필수적인 투자입니다.

넷째, **자녀에게 솔직하게 현재 상황을 이야기하는 용기**가 필요합니다. 나의 경제적 상황과 노후 계획에 대해 자녀와 솔직하게 소통하는 용기입니다. "엄마 아빠도 너희에게 다 줄 수 없어. 우리도 우리 삶을 살아야 해"라고 이야기하는 것이 때로는 필요합니다. 이는 자녀에게도 현실을 직시하고 자신의 삶을 계획할 수 있는 계기를 제공합니다.

그렇다면 이러한 '용기'를 실제적인 행동으로 옮기기 위해서는 어떻게 해야 할까요?

첫째, **자녀와 '경제적 독립'에 대해 솔직하게 대화하십시오.** 자녀가 성인이 되었다면, 그들은 부모의 삶을 이해하고 존중할 준비가 되어 있습니다. 감성적인 호소보다는 구체적인 재정 상황과 앞으로의 노후 계획을 공유하고, 자녀 스스로 미래를 설계할 수 있도록 격려하는 대화가 필요합니다. "우리가 너희에게 모든 것을 줄 수는 없지만, 너희가 자립하는 데 필요한 지혜와 경험은 언제든 나눠줄 준비가 되어 있다"는 메시지를 전달하는 것이 중요합니다.

둘째, **은퇴 후 나의 재정 목표를 명확히 세우십시오.** 막연히 '자녀에게 부담 주지 말아야지' 하는 생각만으로는 부족합니다. 퇴직금은 어떻게 운용할지, 국민연금은 언제부터 어떻게 받을지, 부족한 노후 생활비는 어떻게 충당할지 구체적인 목표를 세우고 이를 달성하기 위한 실행 계획을 수립해야 합니다. 이는 제3부의 다른 파트에서 다루는 내용들과 밀접하게 연결됩니다.

셋째, **자녀의 성장을 위한 '진짜' 도움을 주십시오.** 물질적인 지원을 줄이는 대신, 자녀의 정신적, 직업적 성장을 위한 비물질적인 지원에 집중하십시오. 삶의 지혜와 경험을 나누고, 자녀의 고민을 들어주고, 격려와 지지를 아끼지 않는 것이 훨씬 더 값진 도움입니다. 때로는 자녀 스스로 문제를 해결하도록 '방치하는' 것이 가장 큰 사랑일 때도 있습니다.

넷째, **자신을 위한 '투자'를 아끼지 마십시오.** 은퇴 후에도 건강하게 활동하고, 새로운 것을 배우며 성장하는 모습은 자녀에게 긍정적인 영향을 줍니다. 운동, 취미 활동, 새로운 지식 습득을 위한 교육 등 자신을 위한 투자는 결코 낭비가 아닙니다. 오히려 이는 삶의 질을 높이고, 자녀에게도 '나이 들어서도 저렇게 멋지게 살 수 있구나'라는 희망을 줄 수 있습니다.

다섯째, **사례를 통해 배우고 용기를 얻으십시오.** 이 책에 담긴 '현명한 은퇴자들' 중에는 자녀 지원이라는 오랜 관념에서 벗어나 자신의 노후를 굳건히 지킨 분들의 이야기가 많습니다. 그들의 경험을 통해 '나 혼자만 이런 생각을 하는 것이 아니구나'라는 공감대를 형성하고, '나도 할 수 있다'는 용기를 얻으십시오. 때로는 자녀와 함께 이 책의 관련 부분을 읽고 대화해 보는 것도 좋은 방법입니다.

'자녀보다 나 먼저'라는 말은 결코 이기적인 구호가 아닙니다. 그것은 부모와 자녀 모두가 각자의 삶에서 진정으로 행복하고 자립할 수 있는 기반을 마련하는, 사랑과 지혜가 담긴 현실적인 선언입니다. 이 용기 있는 선택이 노후를 더욱 견고하고 풍요롭게 만들고, 자녀에게도 건강한 미래를 준비할 기회가 됩니다.

4부

퇴직 전에 반드시 챙겨야 할 10가지

19 퇴직금, 어떻게 굴릴지 미리 계획하다

은퇴를 앞둔 중년층에게 퇴직금은 단순한 목돈이 아닙니다. 이제는 고령화 시대를 맞아 퇴직금의 용도가 변하고 있습니다. 과거처럼 퇴직금을 받아서 홀라당 써버리던 시대는 지났습니다. 퇴직금을 현명하게 관리하여 노후 생활비로 활용하는 전략적 사고가 필요한 시점입니다.

IRP 계좌, 퇴직금 관리의 핵심 도구

퇴직금을 효율적으로 관리하기 위해서는 먼저 IRP(개인형 퇴직연금) 계좌를 이해해야 합니다. IRP는 Individual Retirement Pension의 줄임말로, 쉽게 말해서 퇴직할 때 퇴직금을 받는 통장입니다.

구체적인 예를 들어 퇴직금 2억 원을 받는다고 가정해 보겠습니다. 일반 계좌로 받으면 퇴직소득세 10%를 떼고 1억 8천만 원이 들어옵니다. 하지만 IRP 계좌로 받으면 2억 원이 그대로 다 들어갑니다. 세금을 떼지 않고 말입니다.

이후 IRP 계좌에서 연금으로 받을 때는 퇴직소득세를 30% 감면해 줍니다. 10년 차 이내는 30%, 11년 차부터는 40%를 감면해 주니까 상당한 절세 효과를 볼 수 있습니다.

연금박사 이영주 대표는, 정부는 최근 퇴직급여를 20년 초과해서 나눠 받으면 퇴직소득세를 50%까지 할인해 주고, 연금을 종신연금으로 받을 때 연금소득세율을 대폭 낮춰주는 정책을 검토하고 있다고 합니다. 이는 국가가 연금을 일시금으로 받거나 짧은 기간에 몰아서 받지 말고, 최대한 긴 기간 동안 종신연금으로 나눠 받으라는 메시지입니다.

하지만 IRP 계좌를 가입할 때 반드시 알아둬야 할 것들이 있습니다. 가장 중요한 것은 중도 인출의 제약입니다. IRP는 일부 인출이 안 되고 전액 해지만 가능합니다. 예를 들어 긴급하게 5천만 원이 필요한데 계좌에 1억 원이 들어 있다면, 5천만 원만 빼는 것이 아니라 전액을 해지해야 합니다. 이때 불필요한 세금을 더 낼 수 있습니다.

계좌 분산 관리, 현명한 선택

〈마법의 연금 굴리기〉 김성일 작가는, 이런 문제를 해결하기 위해서는 계좌 분산이 필요하다고 합니다. 퇴직금을 받는 용도의 IRP와 연말정산을 위한 추가 납부용 IRP를 별도로 만드는 것입니다. 여기에 연금저축 펀드 계좌까지 더하면 총 3개의 계좌가 됩니다.

이렇게 계좌를 나눠 놓으면 중도에 어떤 이슈가 생겼을 때 대응이 수월합니다. 연금저축을 먼저 빼서 쓸 수 있고, IRP를 써야 한다면 둘 중 한 계좌만 해지해서 사용할 수 있습니다. 물론 귀찮다는 단점이 있지만, 리스크 관리 관점에서는 굉장히 필요한 전략입니다.

연금저축은 600만 원까지, IRP와 합치면 900만 원까지 세액공제를 받을 수 있습니다. 총급여액이 5,500만 원 이하면 16.5%의 세액 공제를 받을 수 있으니, 1년에 900만 원을 넣으면 연말정산을 통해서 148만 5천 원을 돌려받을 수 있습니다. 5,500만 원을 초과하는 분들도 13.2%로 118만 8천 원의 세액공제를 받을 수 있습니다.

연금저축과 개인형퇴직연금(IRP) 세액공제 한도

구분	연금저축	IRP
총급여액 (종합소득 금액)	5,500만 원 이하 (4,500만 원 이하)	5,500만 원 초과 (4,500만 원 초과)
세액공제 납입한도	600만 원	900만 원
세액공제율 (지방소득세 포함)	16.5%	13.2%
환급세액 (900만 원 납입 시)	148만 5,000원	118만 8,000원

※ 연금저축과 IRP를 조합해서 세액공제 납입한도 900만 원까지 채울 수 있음

    IRP 계좌를 운영할 때 간과하기 쉬운 것이 수수료입니다. 금융회사마다 수수료 체계가 다르므로 신중하게 선택해야 합니다.

    금융감독원 발표에 따르면 2023년 IRP 평균 수수료는 0.33% 정도입니다. 은행의 경우 0.2%에서 0.5%까지의 수수료가 부과되며, 증권사는 0%에서 0.37%까지 다양합니다. 요즘 많은 증권사에서 모바일 앱을 통해 직접 계좌를 개설하면 운용관리 수수료와 자산관리 수수료를 면제해 주는 추세입니다. 미래에셋증권도 전자매체(온라인 웹 또는 모바일)를 통해 계좌 관리점을 직접 선택하고 스스로 운용할 때는 수수료를 면제합니다.

미래에셋증권, 개인형퇴직연금 운용관리 계약서 부분

제12조 (운용관리수수료)
① 회사는 운용관리업무를 수행함에 있어 부속협정서에서 정한 바에 따라 운용관리수수료를 징수합니다.
② 제1항에도 불구하고 다음 각 호의 요건을 모두 충족하는 경우 운용관리수수료를 면제합니다.
  1. 가입자가 전자매체(온라인웹 또는 모바일)를 통해 계좌관리점을 다이렉트로 선택한 경우. 다만, 관리점 변경 신청으로 계좌관리점이 다이렉트로 변경된 경우 관리점 변경일 전까지 부속협정서 제3조에 따라 발생한 운용관리수수료는 징수합니다.
  2. 가입자가 전자매체(온라인웹 또는 모바일)만을 통해 적립금을 스스로 운용하고 직접 거래하는 경우

퇴직금이 1억 원이라면 일반적인 은행에서는 연간 20만 원에서 50만 원의 수수료를 내야 하지만, 증권사 다이렉트 상품에서는 수수료가 없습니다. IRP는 노후를 대비하는 주요 수단이기 때문에 장기간 운용을 고려하면 수수료 차이가 천만 원 단위로 달라질 수 있습니다. 이미 은행이나 보험사에 IRP 계좌가 있다면 계좌 이체 제도를 활용해서 수수료가 저렴한 곳으로 옮길 수 있습니다.

또한 투자 상품의 다양성도 고려해야 합니다. 증권사는 IRP에서 운용할 수 있는 ETF를 모두 거래할 수 있지만, 은행들은 ETF 거래가 굉장히 제한적입니다. 국채 ETF도 없고 선택지가 너무 적습니다. 장기 투자를 위해서는 다양한 투자 옵션이 있는 증권사가 유리합니다.

퇴직금 운용 전략과 연금 개시의 활용

퇴직금 운용에서 많은 분들이 고민하는 부분이 있습니다. IRP 내에서 투자하자니 리스크를 감내해야 하고, 정기예금으로 하자니 이자가 너무 낮습니다. 이런 분들에게는 퇴직연금 개시라는 방법이 있습니다.

55세 이상이면 퇴직금을 받아서 연금으로 개시할 수 있습니다. 연금을 일시금으로 타는 것이 아니라 연금 개시를 하는 것입니다. 연금 개시를 하면 세제 혜택을 다 받을 수 있고, 월 50만 원이든 100만 원이든 연금으로 받은 금액을 쓰지 말고 최근 나와 있는 더 좋은 비과세 연금에 재투자하는 방법도 있습니다.

연금박사 이영주 대표는, 현재 비과세 연금의 최저 보증 수익률이 7~8%까지 나오고 있기 때문에 IRP 내에서 굴리는 것보다 연금으로 개시해서 최저 보증 연금을 준비하는 것이 더 높은 수익률을 보증받으면서 세금 없이 연금을 받는 방법이라고 합니다.

연금 수령 방식의 다양성과 유연성

퇴직금을 어떻게 받을 것인가도 미리 계획해야 합니다. 라이나전성기재단의 조사에서는, 일시금으로 받겠다는 의견보다는 몇 년간 또는 평생에 걸쳐 나눠서 받겠다는 의견이 더 많이 나왔습니다. 이는 퇴직금을 연금으로 받아 노후 생활비로 활용하는 시대가 열렸음을 보여줍니다.

현재 증권사에서는 연금 수령 방법이 정말 다양합니다. 기간을 40년까지도 연장해서 받을 수 있습니다. 60세에 받기 시작해서 100세까지 받으면 거의 종신연금과 비슷합니다. 기간도 내가 10년 이내로 설정할 수 있고, 금액도 처음에는 50만 원, 나중에는 100만 원 이렇게 받을 수도 있고, 균일하게 100만 원씩 받을 수도 있습니다.

비정기 인출 서비스도 있습니다. 내가 필요할 때마다 찾는 것인데, 연금 수령 한도 안에서만 찾으면 세금 감면을 받으면서 언제든지 뺄 수 있습니다. 보험회사는 연금 지급 방식을 선택하면 이후에는 변경을 못 하지만, 증권사 상품은 연금을 받으면서도 수시로 방법을 변경할 수 있어 유연성이 큽니다.

수령 방법은 다양하니까 자신의 노후 생활비 준비 정도, 목표 등을 비교해서 가장 적합한 방식을 선택하는 것이 중요합니다.

퇴직금은 단순히 받는 돈이 아니라 노후를 책임질 소중한 자산입니다. 국민연금과 퇴직금만 믿지 말고 개인연금도 지금부터 알아보고 노후를 대비하는 것이 현명한 선택입니다. 퇴직금을 받기 전부터 미리 계획을 세워두면, 세금도 절약하고 안정적인 노후 생활비도 확보할 수 있습니다.

20 국민연금, 한 푼이라도 더 받는 방법

은퇴를 앞둔 5060세대에게 가장 큰 불안 요소 중 하나는 바로 노후 소득입니다. 최근 발표된 자료에 따르면 2025년 국민연금 월평균 수령액이 약 67만 원에 불과하다고 합니다. 하지만 전문가들은 여전히 국민연금이 가장 확실한 노후 대책이라고 강조하며, 제도를 제대로 활용하면 연금액을 크게 늘릴 수 있다고 조언합니다.

희망세무설계 이천 대표는 "지금 연금을 받고 있거나 연금을 받기까지 5년에서 10년 정도 남은 분들에게는 국민연금만 한 연금이 없다"고 단언합니다. 국민연금의 강점은 여러 가지가 있습니다.

첫째, 낸 돈보다 무조건 많이 받을 수 있습니다. 특히 소득이 적을수록 훨씬 더 많이 받게 되는 소득재분배 효과가 있습니다. 둘째, 물가상승률을 반영해 줍니다. 작년처럼 인플레이션이

5.1%였을 때도 그만큼 연금액이 인상되어 실질 구매력이 보존됩니다. 셋째, 유족연금 기능이 있어 보장성 보험의 역할도 합니다. 가입 기간에 따라 연금액의 40~60%를 배우자가 사망할 때까지 받을 수 있어 종신보험과 같은 효과를 얻습니다.

이천 대표는 이를 '짜장면값 얘기'로 설명합니다. "학생 때 짜장면 한 그릇이 500원이었다면 지금은 6~7천 원입니다. 그만큼 돈 가치가 떨어졌지만, 국민연금은 물가 상승에 대해서 화폐 가치가 하락하더라도 사망할 때까지 그 금액이 온전히 보존되는 효과가 있습니다."

2026년부터 달라지는 국민연금 제도

연금 전문가 차경수 작가는 내년부터 시행되는 국민연금 개혁의 핵심을 상세히 설명합니다. 보험료율은 현행 9%에서 13%로 인상되며, 2026년부터 매년 0.5%씩 단계적으로 인상하여 2033년 13%에 도달하게 됩니다.

보험료율은 1988년 국민연금 제도 도입 당시 3%였으나, 1993년 6%, 1998년 9%로 조정된 이후 계속 유지됐습니다. 차경수 작가는 "OECD 선진국들이 대부분 18%가 넘는 보험료율을 내

보험료율 및 소득대체율

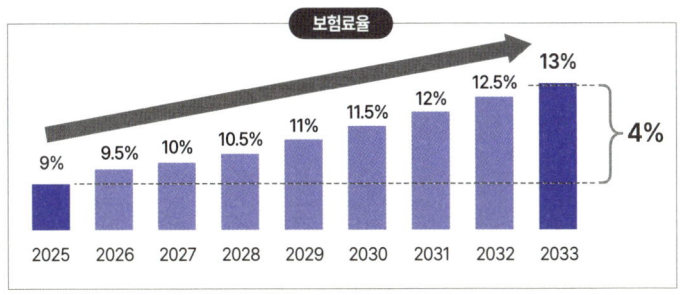

고 있는 것을 보면, 우리나라의 9%는 너무 적게 내는 것"이라고 지적하며, "진작 올렸어야 하는 조치"라고 평가합니다.

명목소득대체율은 2026년부터 43%로 상향 조정됩니다. 명목소득대체율은 은퇴 전 소득 대비 연금액의 비율을 나타내는 지표로, 국민연금 도입 당시 70%, 1999년 60%, 2008년 50%로 낮아졌으며, 법률 부칙에 따라 매년 0.5%씩 인하되어 2028년까지 40%로 조정될 예정이었습니다. 그래서 올해는 41.5%, 내년은

41%로 조정되어야 하지만, 이번 법률 개정을 통해 내년부터 소득대체율은 43%로 고정됩니다.

국민연금 전체 가입자의 평균소득(2025년 A값: 309만 원)과 동일한 가입자의 경우, 올해는 월 27만 8천 원(309만 원×9%)을 보험료로 납부하나, 내년부터는 1만 5천 원 오른 29만 3천 원(309만 원×9.5%)을 납부합니다. 사업장 가입자는 기업이 보험료의 절반을 부담하므로, 현행보다 월 7,500원 인상됩니다.

국민연금을 더 많이 받는 3가지 핵심 전략

1. 추후납부 제도: 과거의 공백을 메우는 기회

추후납부는 추납을 신청하는 현재 시점의 연금보험료로 추납 신청 대상 기간에 대해 납부할 수 있는 기회를 부여하는 제도로 추납 대상 기간(단, 최대 10년 미만 한도, 119개월)의 범위에서 신청할 수 있습니다.

국민연금공단에 따르면, 추후납부 대상 기간은 다음과 같습니다.

① 사업 중단이나 실직 등 연금보험료를 납부할 수 없었던 납부 예외 기간

② 연금보험료를 1개월 이상 납부한 날 이후 적용 제외된 기간
   - 1999년 4월 1일 이후 무소득 배우자로 적용 제외된 기간
   - 2001년 4월 1일 이후 기초수급자로 적용 제외된 기간
   - 2008년 1월 1일 이후 1년 이상 행방불명자로 적용 제외된 기간
   - 2015년 7월 29일 이후 18세 미만 사업장 가입자로 적용 제외된 근로 기간

③ '88.1.1. 이후 군복무 기간 (군인연금 가입 기간, 타공적연금 가입 기간에 포함된 사병 기간은 제외)

※ 단, 군복무 기간을 포함하여 최대 119개월까지만 신청 가능

추납 보험료 산정 기준은 추후납부를 신청한 날이 속하는 달의 연금보험료에 추후납부하고자 하는 기간의 월수를 곱한 금액으로 산정합니다.

다만, 임의가입자가 추납보험료를 신청할 경우, 추납보험료 산정을 위한 연금보험료 상한은 법 제51조 제1항 제1호에 따라 산정한 금액(A값)의 9%를 초과할 수 없습니다(2025년의 A값은 3,089,062원이며, A값은 매년 변동될 수 있습니다).

2. 임의계속가입 제도: 60세 이후의 선택권

국민연금공단의 정의에 의하면, '임의계속가입'은 60세에 도달하여 국민연금 가입자의 자격을 상실하였으나, 가입 기간(120개월)이 부족하여 연금을 받지 못하거나 가입 기간을 연장하여 더 많은 연금을 받고자 하는 경우 65세에 달할 때까지 신청에 의하여 가입할 수 있습니다. 주로 60세가 되어도 가입 기간이 부족하여 노령연금을 받을 수 없는 경우 신청하는 경우가 많습니다.

차경수 작가의 경우도 현재 임의계속가입을 통해 최고 금액인 월 55만 5,300원을 납부하고 있습니다. "현재 소득이 있기 때문에 제 소득의 9%를 내는데, 상한선이 55만 5,300원"이라고 설명합니다.

※ 다음에 해당하는 자는 임의계속가입 신청 대상에서 제외됩니다.
- 65세 이상이거나 60세 도달 사유로 반환일시금을 이미 받은 자
- 전액 미납, 전액 납부 예외자 (미납자는 납부 후 가입 신청 가능)
- 노령연금을 청구하여 수급중인 자

3. 연기연금 제도: 더 늦게 받고 더 많이 받기

연기연금 제도는 노령연금 수급자가 희망하는 경우 1회에 한하여 연금 지급의 연기를 신청할 수 있는 제도로, 2012년 7월부

터 만 60세 이상 만 65세 미만의 노령연금(조기노령연금 포함) 수급자가 신청할 수 있습니다.

연기연금 제도는 노령연금 수급자가 희망하는 경우 연금 지급을 최대 5년까지 연기할 수 있는 제도입니다. 노령연금의 지급을 연기한 기간만큼 연금액을 더 받을 수 있도록 하여 고령자의 근로 의욕을 고취하고 노후 소득 보장을 강화하려는 취지에서 설계되었습니다.

연기 신청 후 연금을 다시 받을 때는, 지급 연기를 신청한 금액에 대하여 연 7.2%(월 0.6%)의 지급가산율이 더해진 금액으로 받을 수 있습니다. 5년간 연기하면 36% 증액된 연금을 평생 받을 수 있습니다.

특히 연금 수령 후 5년 이내에 근로소득이나 사업소득이 많으면 최대 50%까지 연금이 감액될 수 있기 때문에, 소득이 있는 기간에는 연기연금을 선택하는 것이 유리합니다.

실제 사례로 보는 연금 증액 효과

연금박사 이영주 대표는, 1969년생 55세 A씨의 사례를 통해 3가지 전략의 효과를 구체적으로 확인할 수 있다고 합니다.

A씨가 현재 국민연금을 그대로 유지한다면 국민연금공단 발표 기준 월평균 수령액인 64만 원만 받을 수 있습니다. 하지만 연금박사 이영주 대표가 제시한 3종 세트를 모두 활용하면 놀라운 변화가 일어납니다.

1단계: 추후납부 효과

A씨가 과거에 안 낸 기간이 119개월로 확인되었습니다. 현재 이번 달 내는 보험료가 9만 원이라고 가정했을 때, 9만 원×119개월＝약 1,071만 원을 추후납부할 수 있습니다. 이렇게 추후납부를 하게 되면 1969년생 A씨 같은 경우에는 추후납부를 통해서 연금액이 대략 월 12만 원 정도 인상 가능합니다.

2단계: 임의계속가입 효과

현재 55세인 A씨는 앞으로 5년간 임의가입을 통해서 국민연금을 더 낼 수 있고, 60세가 되어도 보험료 납입을 끝내지 않고 그 이후로 65세 연금 받기 직전까지 5년간 더 임의계속가입을 할 수 있습니다.

연금박사 이영주 대표는 "지금부터 최장 10년간 국민연금을 더 낼 수 있는 것"이라고 설명하며, "한 달에 9만 원씩 10년간 임의계속가입까지 포함해서 국민연금 보험료를 납부하면 지금

2025년 2월 국민연금 관리공단에서 공개한 국민연금 예상 수령액

가입기간중 기준 소득월액평균액(B값)	연금보험료 (9%)	가입기간			
		10년	15년	20년	25년
1,000,000	90,000	205,980	308,210	410,430	512,660
1,100,000	99,000	211,020	315,750	420,470	525,200
1,200,000	108,000	216,060	323,280	430,510	537,740
		221,		440,550	

보다 실제 연금액은 한 달에 20만 원 정도 더 인상됩니다"라고 밝혔습니다. 실제 국민연금공단의 월 연금액 예시표를 보면 9만 원씩 10년간 납부했을 경우에 20만 원씩 평생 받을 수 있는 연금이 나온다고 예시가 되어 있습니다.

3단계: 연기연금으로 완성

지금까지의 과정을 통해 A씨의 65세 기준 연금액이 96만 원 (64만 원 + 12만 원 + 20만 원)으로 늘어났습니다. 여기서 연금박사 이영주 대표는 "원래 내 연금 받는 시점은 65세인데 여기서부터 5년간 연기하는 것"이라고 설명합니다.

5년간 연기하면 1년에 7.2%, 5년에 36% 연금액이 증액됩니다. 따라서 96만 원 받을 연금을 36% 증액된 연금을 70세부터 받을 수 있게 되면 70세에 받게 될 연금은 무려 130만 원의 연금을 평생 받게 됩니다.

최종 결과

국민연금 더블로 늘려주는 3종 세트 추후납부, 임의계속가입, 연기연금을 하기 전에 A씨의 연금액은 64만 원에 불과했습니다. 그런데 추후납부하고 임의계속가입하고 연기연금까지 하니까 받게 될 금액은 130만 원으로 더블로 늘어나게 되었습니다

여기다가 물가상승률 반영은 별도로 적용되는 것이므로, 지금 55세이지만 70세가 될 연금이 130만 원보다 더 많아질 것입니다.

조기연금 100만 시대
이런 사람에게는 조기연금이 필요합니다
—

최근 조기연금 수급자가 급증하고 있습니다. 2024년 기준으로 국민연금 수령자 715만 명 중 100만 명이 조기연금을 수령하고 있어 약 14%에 달합니다. 차경수 작가는 이러한 현상의 배경을 분석합니다.

조기연금 급증의 배경

첫째, <u>소득 공백 기간의 연장</u>입니다. "올해 2025년은 62년생

(만 63세 국민연금 수령)이 받으니까 신의 직장이라고 하는 공기업에 다녀도 정년(만 60세) 이후 3년 동안 소득 공백기가 생기고, 65년생(만 64세 국민연금 수령)은 4년간 소득 공백기가 생깁니다. 그 소득 공백 기간이 점점 늘어납니다"라고 설명합니다.

출생년도별 국민연금 수령년도

출생년도	1962	1963	1964	1965	1966	1967	1968	1969	1970
나이(만)	63	63	63	64	64	64	64	65	65
수령년도	2025	2026	2027	2029	2030	2031	2032	2034	2035

둘째, **국민연금에 대한 불신** 문제입니다. 기금 고갈 우려와 제도 개혁에 대한 불안감이 복합적으로 작용하고 있습니다.

셋째, **잘못된 정보의 확산**입니다. 차경수 작가는 "유튜브들의 책임도 있는 것 같다"며 "막연한 불안감을 조성하고 국민연금 많이 받으면 건보료나 기초연금에서 모두가 다 손해 보는 건 아닌데, 국민연금 10만 원 더 받으면 건보료 4,000원 내면 되는 것"이라고 지적합니다.

차경수 작가는 "누군가에게는 조기연금이 꼭 필요합니다"라고 강조하며 다음과 같은 경우를 제시합니다.

1. 생활이 어려운 경우

"대출받지 않으면 생활이 안 되는 사람은 손해 보더라도 당겨 받아야 하겠죠."

2. 건강상 문제가 있는 경우

"지병이 있거나 확실하게 건강 상태가 안 좋다. 이런 경우도 고려할 수 있겠죠."

3. 예상 수명을 고려한 판단

"내가 72세, 73세, 74세 이상 못 살 것 같다. 그럼 확실하게 조기연금이 득이지만 그 이상 살면 어떤 이유를 붙여도 경제적으로는 손해입니다."

이에 대해 "주변에 모든 사람이 국민연금을 불신하고, 언제 죽을지 모른다, 다리 떨릴 때 돈 있으면 뭐 하냐? 젊었을 때 의미 있게 쓰자는 생각을 가진 분들이 많으므로 이 부분은 전문가의 영역이라기보다는 개인 인생 가치관의 문제"라고 분석합니다.

연기연금을 고려해야 하는 경우

반면 다음과 같은 경우에는 연기연금을 적극 고려해야 합니다.

1. 60대 이후 소득 활동을 하는 경우

"60대 이후에 소득 활동을 하는 사람들이 매우 많습니다. A값, 그러니까 올해 기준으로 309만 원의 소득이 있으면 국민연금이 감액되는데 감액을 당하면서까지도 국민연금을 수령하는 사람이 있어요."

2. 충분한 소득이 있는 경우

"국민연금 감액을 당한다는 얘기는 소득이 꽤 높다는 얘기거든요. 5천만 원 정도가 돼야 해요. 근데 그 정도 있으면 은퇴 후에 생활비가 부족하거나 이러지 않을 텐데."

3. 건보료 피부양자와 관계없는 경우

"나는 어차피 건보료 피부양자 자격이 안 돼. 부부 중에 한 사람이 2천만 원을 초과했어. 그럼 건보료는 고려할 게 없거든요."

4. 유족을 위한 배려

차경수 작가는 개인적 경험을 통해 "내가 죽고 당신이 요양병원에서 치매에 걸려서 거동을 못 하고 임종기를 맞이했을 때 하늘에서 뚝뚝 떨어지는 연금이 간병비, 요양병원비, 의료비가 감당되느냐 안 되느냐의 차이에 따라서 다를 것"이라고 설명하며 연기연금의 필요성을 강조합니다.

이천 대표는 "50대에게 연금 준비 1순위는 바로 국민연금"이라고 강조합니다. "알게 모르게 준비한 게 많으므로 그런 걱정과 불안보다는, 기본적으로 국민연금이나 퇴직연금 등이 어느 정도 되어 있어서 기본적인 생활 정도를 마련했으니, 현재 시점에서 개인연금으로 좀 더 준비하면 아주 풍족하고 넉넉하지는 못하더라도 남한테 손 안 벌리고 내가 하고 싶은 거 할 수 있는 은퇴 생활은 보낼 수 있다"고 말합니다.

국민연금은 여전히 우리나라 최고의 노후 대책입니다. 제도를 제대로 이해하고 활용한다면, 걱정스러운 노후 소득을 안정적으로 확보할 수 있습니다. 추후납부, 임의계속가입, 연기연금이라는 3가지 핵심 전략만 잘 활용해도 여러분의 연금액을 두 배 가까이 늘릴 수 있습니다. 2026년부터 시행되는 개혁으로 보험료 부담은 늘어나지만, 소득대체율 상향과 제도의 지속가능성 확보로 더 튼튼하게 노후를 보장할 수 있을 것입니다. 조기연금, 정상연금, 연기연금 중 어떤 선택을 하든 자신의 상황에 맞는 신중한 판단이 필요하며, 지금이야말로 국민연금을 통한 체계적인 노후 준비에 나설 때입니다.

21 건강보험료, 부담을 줄이는 3가지 방법

평생직장에 다니며 건강보험료를 크게 고민해 본 적이 없었을 것입니다. 매달 급여에서 자동으로 공제되는 건강보험료는 회사가 절반을 부담해 주기 때문에 큰 부담으로 느껴지지 않았기 때문입니다. 하지만 퇴직과 함께 지역가입자로 전환되는 순간, 많은 분이 예상치 못한 '건강보험료 폭탄'을 맞게 됩니다.

직장가입자와 지역가입자의 차이점

직장에 다닐 때는 급여소득에만 보험료가 부과됩니다. 아무리 비싸고 많은 부동산을 소유하고 있어도 이런 재산은 건강보험료 계산에 포함되지 않습니다. 또한 보험료의 50%는 본인이, 나머지 50%는 회사가 부담하기 때문에 실제 부담은 절반에 불과합니다.

하지만 지역가입자가 되면 상황이 완전히 달라집니다. 2025년 기준으로 지역가입자의 건강보험료는 소득과 재산(전월세 포함)을 기준으로 정한 부과요소별 점수를 합산한 보험료 부과점수에 점수당 금액(208.4원)을 곱하여 보험료를 산정한 후, 경감률 등을 적용하여 세대 단위로 부과됩니다. 더욱이 회사가 절반을 대신 내주던 혜택도 사라지기 때문에 보험료 부담이 급격히 늘어나게 됩니다.

중요한 변화는 2024년 2월부터 자동차에 부과되던 건강보험료가 완전히 폐지되었다는 점입니다. 이는 1989년 자동차 보험료 도입 이후 35년 만의 변화입니다. 또한 재산보험료 기본공제도 기존 5천만 원에서 1억 원으로 확대되어 보험료 부담이 많이 완화되었습니다

실제로 많은 퇴직자들이 직장에서 지역가입자로 전환되면서 건강보험료 부담이 많이 증가하고 있습니다. 강찬영 소장은 대기업 퇴직 후 택배 일을 하고 있는데, "택배 일을 하면서 4대 보험이 되는 일을 지금 하고 있거든요. 회사에서 절반 부담을 해주고 있으니까 저는 뭐 한 5만 원에서 6만 원 정도 건강보험료가 나옵니다. 만약에 제가 개인이 다 부담을 하면 소득과 재산(전월세 포함)에 부과가 되기 때문에 그게 20만 원이 넘죠. 퇴직

한 선생님들이나 이런 분들도 한 30만 원 이상은 나온다고 해요"라고 말했습니다.

2024년 인터뷰 당시 배당투자로 연간 3,800만 원을 받고 있던 황금별 씨는 "직장 다닐 때는 50~60만 원 정도 건강보험료를 냈는데, 회사와 개인이 반반 부담해서 실제로는 30만 원 정도만 냈었어요. 근데 퇴직하고 지역가입자가 되면 건강보험료 부담이 크거든요. 그래서 저는 1인 법인을 설립해서 지금은 10만 원 정도로 줄였지만 만약 법인을 안 만들었다면 제가 가진 자산을 고려했을 때 20만 원 중후반은 나왔을 거예요"라고 설명했습니다.

이들의 공통된 하소연은 하나였습니다. 직장 다닐 때는 몰랐는데, 퇴직하고 나니 건강보험료가 이렇게 부담스러울 줄 몰랐다는 것입니다. 소득은 줄어들었는데 건강보험료는 두 배, 세 배로 늘어나는 상황이 발생하는 것입니다. 이런 상황을 미리 대비하지 않으면 노후 생활에 큰 부담이 될 수 있습니다.

건강보험료 부담을 줄이는 핵심 전략

첫 번째 전략: 임의계속가입 제도 활용

임의계속가입 제도는 퇴직 후에도 최대 3년 동안 퇴직 전과 같은 수준의 건강보험료를 낼 수 있게 해주는 제도입니다. 이 제도의 핵심은 시기입니다. 퇴직 후 지역가입자 보험료 고지서 납부 기한으로부터 2개월 이내에 반드시 신청해야 합니다.

예를 들어, 퇴직 전에 월 18만 원의 건강보험료를 냈다면(본인 부담 9만 원, 회사 부담 9만 원), 퇴직 후 재산 등으로 인해 월 28만 원의 보험료를 내야 하는 상황에서 임의계속가입을 신청하면 18만 원만 내면 됩니다. 물론 회사가 없어졌으므로 18만 원 전액을 본인이 부담해야 하지만, 그래도 월 10만 원을 절약할 수 있습니다.

신청 방법은 국민건강보험공단 지사 방문 또는 홈페이지를 통해 가능하며, 최근 18개월간 직장에 1년 이상 재직했어야 합니다. 최대 3년까지만 가능하므로 3년 후에는 자동으로 지역가입자로 전환된다는 점을 기억해야 합니다.

두 번째 전략: 피부양자 등록 활용

가장 좋은 방법은 건강보험료를 전혀 내지 않는 것입니다. 자녀가 직장에 다니고 있다면 부모를 피부양자로 등록하여 별도의 건강보험료 없이 의료 혜택을 받을 수 있습니다.

하지만 피부양자가 되기 위해서는 엄격한 조건이 있습니다. 연간 종합소득과세표준이 2천만 원 이하여야 하고, 부동산의 과세표준이 5억 4천만 원 이하여야 합니다.

구체적인 조건을 살펴보면:

- 금융소득이 2천만 원 이상이면 피부양자 자격 상실
- 금융소득이 1천만 원~2천만 원 구간에서는 재산 과표가 5억 4천만 원 이하여야 함
- 금융소득이 1천만 원 미만일 때는 재산 과표가 9억 원 미만이어야 함

세 번째 전략: 재취업을 통한 직장가입자 유지

금융소득이 많거나 재산이 많아 피부양자가 될 수 없는 분들에게는 재취업이 현실적인 대안이 될 수 있습니다. 앞서 소개했던 강찬영 씨가 택배 회사에 취업하면서 직장가입자가 된 것은 좋은 예시입니다. 직장가입자가 되면 재산과 관계없이 오직 소득으로만 건강보험료가 계산되기 때문입니다. 다행히 재취업 조건은 그리 까다롭지 않습니다. 한 달에 60시간 이상만 일하면 되고, 1개월 이상 근무하면 직장가입자 자격을 얻을 수 있습니다.

시간제로 일하면서도 충분히 조건을 만족할 수 있는 것입니다.

재취업의 장점은 건강보험료 절약뿐만이 아닙니다. 추가적인 소득을 만들 수 있고, 사회적 관계를 유지할 수 있으며, 특히 남성의 경우 은퇴 후 사회적 관계 단절로 인한 어려움을 예방할 수 있습니다.

금융소득과 건강보험료의 관계 이해

연금부자연구소에 따르면 많은 자산가가 투자 수익률보다 세금과 건강보험료에 더 신경을 쓰는 이유가 있습니다. 수익률은 시장 상황에 따라 결정되지만, 세금과 건강보험료는 어떤 금융 상품을 선택하느냐에 따라 달라지기 때문입니다.

과세 유형에 따른 건강보험료 적용 여부

분리과세: 금융소득세(15.4%), 연금소득세(3.3%~5.5%) 등이 해당하며, 일정 금액까지는 분리과세로 건강보험료가 부과되지 않습니다.

종합과세: 금융소득이 연 2천만 원을 초과하거나 개인연금 수령액이 연 1,500만 원을 초과하면 종합과세로 넘어가며, 이때

금융소득에 따른 건강보험료 비교(직장 가입자 vs 지역 가입자)

		금융소득에 대한 건강보험료 부과
직장 가입자	1,000만 원	-없음
	1,100만 원	-없음
	3,000만 원	-(3,000만 원 - 2,000만 원) ×7.09%=70만 9천 원
지역 가입자	1,000만 원	-없음
	1,100만 원	-1,100만 원×7.09% =77만 9천 원
	3,000만 원	-3,000만 원×7.09% =212만 7천 원

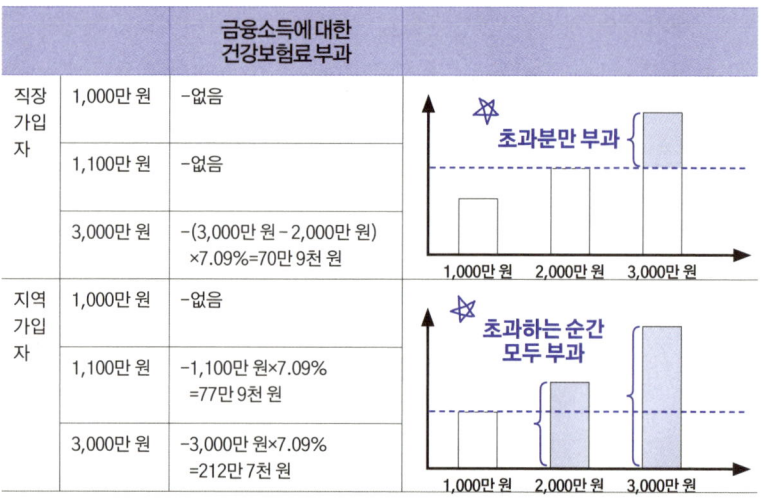

출처: 돈버는 재테크

일반 계좌 vs 건강보험료 미산정 계좌 비교

		일반 계좌		금융소득 발생 계좌별 비교		
				ISA	IRP	연금저축계좌
1년 납입 한도		없음	미리 미리 옮겨 놓기	2,000만 원	1,800만 원	1,800만 원
전체 계좌 납입 한도		없음		1억 원	한도 없음	한도 없음
발생된 금융소득 ☆	건강보험료 산정 기준	포함		포함 안 됨	포함 안 됨	포함 안 됨
	종합과세 산정 기준	포함		포함 안 됨	포함 안 됨	포함 안 됨

출처: 돈버는 재테크

부터 건강보험료 8.8%(건강보험료 7.09% + 장기요양보험료)가 추가로 부과됩니다.

분류과세: 퇴직소득세와 양도소득세가 해당하며, 이는 건강보험료가 부과되지 않습니다.

금융소득 1천만 원 기준의 중요성

특히 중요한 것은 금융소득 1천만 원 기준입니다. 이자 소득이 800만 원 발생했다면 건강보험료가 전혀 없지만, 1,001만 원이 발생하면 1만 원에만 건강보험료가 붙는 것이 아니라 1,001만 원 전체에 건강보험료가 부과됩니다.

연금저축과 IRP 같은 연금계좌는 건강보험료 절약에 매우 효과적입니다. 납부할 때는 세액공제 혜택을 받고, 연금으로 수령할 때는 연 1,500만 원 이하로 받으면 건강보험료가 부과되지 않습니다. 또한 연간 최대 1,800만 원까지 납부가 가능하므로 장기적인 절세 효과가 큽니다.

이처럼 종합과세로 넘어가면서 건강보험료까지 부과되면 실질 수익률이 크게 떨어지므로 이를 방지하는 것이 매우 중요합니다.

재산 변동 신고의 중요성

지역가입자는 재산 변동이 있을 때 자발적으로 건강보험공단에 신고해야 합니다. 직장가입자처럼 자동으로 조정되지 않기 때문에 재산이 줄었다면 반드시 건강보험료 조정 신청을 해야 보험료를 줄일 수 있습니다.

건강보험료 부담을 줄이는 것은 단순히 돈을 아끼는 차원을 넘어 안정적인 노후 생활의 기반이 됩니다. 핵심 전략을 정리하면 다음과 같습니다.

첫째, 퇴직 즉시 임의계속가입을 신청하여 최대 3년간 보험료 부담을 줄이는 것입니다. **둘째**, 소득과 재산 조건을 맞춰 자녀의 피부양자로 등록하는 것입니다. **셋째**, 재취업을 통해 직장가입자 자격을 유지하는 것입니다.

또한 장기적으로는 연금계좌를 적극 활용하고 금융소득을 체계적으로 관리하여 세금과 건강보험료를 동시에 절약하는 전략을 구사해야 합니다.

연금부자연구소에서 제시한 바와 같이, 수익률은 선택할 수 없지만 세금과 건강보험료는 선택할 수 있는 영역입니다. 개인의 상황에 따라 이러한 방법들을 적절히 조합하여 활용한다면, 퇴직 후에도 건강보험료 부담 없이 안정적인 노후 생활을 영위

할 수 있을 것입니다.

　무엇보다 중요한 것은 미리 준비하는 것입니다. 퇴직 후에야 서둘러 대응하기보다는 퇴직 전부터 체계적으로 계획을 세우고 준비한다면, 예상치 못한 건강보험료 폭탄을 피하고 여유로운 은퇴 생활을 만들어 갈 수 있을 것입니다.

22 자산 상태표와 현금 흐름표

"2억 원 정도 있고, 한 달에 700만 원 버는데 500만 원을 쓰고 있습니다. 노후에는 400만 원 정도 썼으면 좋겠고, 내후년에 은퇴할 건데 가능하겠습니까?"

이는 '김박사 퇴사연구소'를 운영하며 개인별 은퇴 자금 시뮬레이션 상담을 제공하고 있는 김성일 작가에게 실제로 접수된 50대 후반 직장인의 간절한 질문입니다. 김성일 작가는 자신만의 은퇴 자금 계산기를 개발하여 20대부터 50대까지 다양한 연령층의 은퇴 준비 상담을 진행하고 있습니다.

하지만 시뮬레이션 결과는 냉혹했습니다. 예금만으로는 불가능하다는 결과가 나왔고, 700만 원을 모두 저축해도 안 된다는 진단이었습니다. 저축 여력은 200만 원뿐인데, 이것만으로는 원하는 노후를 준비할 수 없다는 현실이 드러났습니다.

김성일 작가는 이런 경우 명확한 해법을 제시했습니다. "생활비를 500만 원에서 450만 원으로 줄이면 저축액이 늘어납니다. 이런 식으로 시뮬레이션을 돌려보고 조율하는 것이 필요합니다." 하지만 이런 조율이 가능해지려면 먼저 자신의 현재 상태를 정확히 파악해야 합니다. 바로 두 가지 표를 만드는 것입니다.

첫 번째 표: 자산상태표
내 재산의 현주소 파악하기
—

김성일 작가가 상담에서 가장 먼저 강조하는 것은 자산상태표 작성입니다. "기업의 대차대조표와 똑같습니다. 오늘 기준으로 내가 자산이 얼마 있고 부채가 얼마 있고 순자산이 얼마 있는지를 기록하는 것입니다."

자산상태표는 개인의 재무 상태를 한눈에 보여주는 중요한 도구입니다. 먼저 모든 자산을 빠짐없이 기록해야 합니다. 아파트나 주택 같은 부동산, 자동차, 예금통장, 적금, 주식, 펀드, 연금계좌 등 소유하고 있는 모든 것을 시가 기준으로 평가해 기록합니다.

다음으로 부채를 정리합니다. 주택담보대출, 신용대출, 카드

미결제금액, 친지나 지인에게 빌린 돈까지 모든 빚을 명시합니다. 총자산에서 총부채를 차감하면 순자산이 나옵니다.

김성일 작가는 자산의 성격을 구분하는 것의 중요성을 강조합니다. "자동차 같은 경우는 감가상각이 되고 현금화할 때 값이 떨어지는 자산이고, 예금통장이나 연금계좌의 자산들은 운용해서 수익이 날 수 있는 자산입니다. 이렇게 분류해 놓으면 내가 얼마 굴릴 수 있을까가 나옵니다."

소비성 자산(자동차, 가전제품, 의류 등)과 투자 가능 자산(예금, 주식, 펀드, 연금계좌 등)을 구분해야 합니다. 실제로 은퇴 후 생활비 마련에 활용할 수 있는 것은 투자 가능 자산입니다. 예를 들어 3억 원의 순자산이 있다고 해도, 그중 2억 원이 거주하는 집이라면 실제 굴릴 수 있는 자금은 1억 원에 불과합니다.

투자 가능 자산이 파악되면 이를 통해 창출할 수 있는 수익을 계산할 수 있습니다. 예를 들어 2억 원을 굴릴 수 있다면, 예금 이자 3%로 연간 600만 원, 월 50만 원의 수익이 가능합니다. 좀 더 적극적으로 투자해서 5% 수익률을 달성한다면 월 83만 원 정도의 수익을 기대할 수 있습니다.

김성일 작가는 "2억이면 2억, 3억이면 3억 굴릴 수 있는 자금이 나오면, 그럼 3억을 예금에 넣을 때 3% 이자 받으면 얼마가 나오겠다 계산이 되잖아요. 그러면 그럼 내 생활비가 얼마가 되겠네라고 예측이 되는 거예요"라고 설명합니다.

두 번째 표: 현금 흐름표
실제 수입과 지출의 정확한 파악

김성일 작가가 두 번째로 강조하는 것이 바로 현금 흐름표입니다. "월수입과 월지출을 기록하는 것인데, 내가 한 달에 얼마 쓰는지를 아는 것이 제일 중요합니다."

〈반은퇴〉의 저자인 신동국 작가는 실제 지인 사례를 통해 현금 흐름표의 중요성을 보여줍니다. 지인 부부의 실제 월 지출을 3개월간 기록한 결과, 기초생활비 50만 원, 식비 60만 원, 용돈 80만 원, 보험료 40만 원, 경조사비 50만 원, 취미활동비 30만 원, 문화활동비 20만 원, 여행비 50만 원, 반려동물 관련비 20만 원, 홈쇼핑과 의류비 20만 원, 부모님 용돈 40만 원, 자녀 학비 250만 원으로 총 760만 원에 달했습니다.

"760만 원 생활비, 줄이려면 어떻게 해야 합니까? 내가 여기서 뭘 빼야 하는지"라는 절망적인 질문이 나왔습니다. 하지만 개별적으로 보면 딱히 줄이기도 어려운 것이 현실입니다.

현금 흐름표에서 중요한 것은 지출 항목을 성격별로 분류하는 것입니다.

고정 필수 지출인 기초생활비, 보험료, 대출 원리금 등은 쉽게 줄이기 어려운 항목입니다. 특히 대출 원리금의 경우 상환 계획을 세밀하게 살펴봐야 합니다. 김성일 작가는 "내가 예를 들어서 지금은 뭐 한 400만 원 나가는데, 그중에 100만 원이 대출금이 대출 원리금인데 이게 2년 후에 끝나면 400이 아니라 300이면 되거든요"라고 설명합니다.

조정 가능한 지출로는 문화활동비, 여행비, 취미활동비 등이 있지만 무작정 줄이기보다는 우선순위를 정해야 합니다.

두 표를 연결한 캐시플로우 맞추기

김성일 작가가 가장 강조하는 것은 두 표를 연결하여 캐시플로우를 맞추는 작업입니다. "내가 은퇴 후에 내가 만들어낼 수 있는 현금 흐름이 200만 원이면 지금 300만 원에서 200만 원으로 서서히 맞춰나가야 해요."

먼저 은퇴 후 확보 가능한 수입을 계산해야 합니다. 국민연금과 퇴직연금에서 나오는 월 수령액을 파악하고, 필요시 주택연금 활용 가능성도 검토합니다. 김성일 작가는 "연금이 왜 중요하냐면 기본적으로 연금계좌에 축적된 자금이 있으면 여기서 나올 수입을 계산할 수 있거든요"라고 설명합니다.

자산상태표에서 파악한 투자 가능 자산을 통해 창출할 수 있는 월수입을 계산합니다. 예를 들어 순자산 3억 원 중 투자 가능 자산이 2억 원이라면, 5% 수익률 기준으로 월 83만 원의 수입을 올릴 수 있습니다.

앞서 사례의 경우처럼 월 지출 760만 원과 예상 수입 사이에 차이가 날 때 해결 방법은 세 가지입니다.

첫째, <u>지출 조정</u>입니다. 하지만 김성일 작가는 "이게 되게 어려워요 진짜 어려워. 왜냐하면 나만 쓰는 게 아니잖아요"라고 현실의 어려움을 토로합니다. 가족 전체의 지출을 조정해야 하는 문제이기 때문입니다.

둘째, <u>추가 근로소득 창출</u>입니다. 완전히 은퇴하지 않고 시간제 근무나 컨설팅을 통해 부족한 수입을 보완하는 방법입니다. 하지만 체력적 부담과 일자리 찾기의 어려움이 있습니다.

셋째, <u>혼합 접근법</u>입니다. 지출 조정과 근로소득을 적절히 조합하는 것으로, 예를 들어 지출을 일부 줄이고 일부 근로소득을 올리는 방법입니다. 이 방법이 가장 현실적이고 부담을 분산시킬 수 있는 접근법입니다.

김성일 작가는 급작스러운 변화보다는 점진적 조정의 중요성을 강조합니다. "지금부터 어떤 식으로든 줄여 나가야 해요. 캐시플로우 맞추는 작업이거든요. 퇴직하고 생활비를 갑자기 줄이면 와이프가 엄청나게 싫어하죠. '나가서 뭐라도 해와' 이렇게 되잖아요."

김성일 작가는 "이 두 가지 표를 6개월에서 1년 정도 시간을 써야 한다"며 "그러면 어느 정도 그림이 나온다. 내 자산이 여기 있고, 여기서 이렇게 운영할 수 있구나 하는 것"이라고 조언합니다.

많은 사람들이 "나 얼마 안 쓰는데"라고 생각하지만 실제로 기록해 보면 완전히 다른 결과가 나옵니다. 카드명세서를 확인해도 건별 확인에 그치고 전체적인 지출 패턴 분석은 하지 않는 경우가 대부분입니다.

신동국 작가는 "3개월 동안 한번 써봐라 실제로. 그러니까 생각을 쓰지 말고 실제 사용한 거를 딱 3개월만 한번 써 봐라. 부부가 딱 써보면 보인다는 거죠. 써보면 내가 이걸 왜 썼을까 하는 게 보이고 그때 좀 조절을 할 수밖에 없는 거고"라고 강조합니다.

퇴직 전에 반드시 만들어야 할 두 가지 표, 자산상태표와 현금 흐름표는 단순한 숫자 놀이가 아닙니다. 이는 자신의 현재 상태를 정확히 파악하고, 은퇴 후 삶을 현실적으로 설계하기 위한 필수 도구입니다. 6개월에서 1년을 투자해 이 두 표를 완성한다면, 불안한 미래가 아닌 계획된 은퇴를 맞이할 수 있을 것입니다.

23 재취업 준비하기

"회사는 천국입니다. 퇴직하면 지옥입니다."

라이프플래닝연구소 강광일 이사(72세)의 솔직한 고백입니다. 금융회사에서 퇴직한 후 재취업을 거쳐 현재 마케팅과 세일즈를 담당하는 강광일 이사는 중장년층 재취업의 생생한 현실을 보여줍니다.

"6개월 이내 재취업이 안 되면 어렵다"는 말을 듣고 불안했던 경험을 털어놓습니다. 재취업은 했지만 원래 있던 곳에 비해 기본적인 인프라가 부족해 일하기 어려웠고, 개인적인 사정으로 그만두게 되면서 진정으로 자신이 하고 싶은 일을 찾기 시작했습니다.

"오랫동안 직장에 있었다고 해서 쉽게 되는 건 아니다. 진짜 해당하는 일에서 얼마나 자기가 할 수 있는지 보여줄 수 있어야 한다"는 깨달음을 얻은 강광일 이사는 재무설계사, 생애설계사 자격증을 취득하며 새로운 분야에 도전했습니다.

현재 그는 젊은 여성 대표와 함께 일하며 "업무라는 것은 나이와 관계없다"는 철학으로 2년째 근무하고 있습니다. 대표의 빠른 말 속도에 적응하기 위해 태블릿을 활용해 메모하는 등 나이에 굴복하지 않는 자세를 보여주고 있습니다.

강광일 이사의 조언은 명확합니다. "50대부터는 적어도 회사와 대등한 관계 속에서 일해야 합니다. 50대부터 정년이 목표가 되어서는 안 됩니다. 정년을 떠나서 지금 50대는 새로운 인생을 준비한다고 명확하게 설정하고 구체적으로 내가 어떤 일을 할 수 있는지, 뭘 하고 싶은지 진심으로 자기 자신과 마주해야 합니다."

60대에 전기기능사로 새출발한 성공 사례

더욱 놀라운 사례가 있습니다. 〈40대에 기술 배워서 70대까지 은퇴 걱정 없이 살기〉의 저자이자 국가공인 자격증 10개를 취득한 김훈 작가가 들려주는 작은아버지 이야기입니다. 60대에 음료 유통업을 하던 김훈 작가의 작은아버지는 사업을 정리한 후 전기 분야에 완전히 새롭게 도전했습니다. 전기 관련 경험이 전혀 없었음에도 1년간 학원에서 전기기능사 자격증을 취득했고, 바로 아파트 전기주임으로 재취업에 성공했습니다.

전기기능사는 응시 자격에 제한이 없어 나이, 성별, 학력, 전공과 관계없이 누구나 도전할 수 있습니다. 필기 3과목과 실기 작업형으로 구성되어 있으며, 필기는 독학이나 온라인 강의로도 충분히 준비할 수 있지만, 실기는 실제 배선 작업과 장비 설치를 해야 하므로 학원에서 실습하는 것이 효과적이라고 조언합니다.

전기 분야는 아파트, 빌딩, 공장 등 어디든 전기안전관리자가 필요하므로 수요가 안정적입니다. 전기기능사는 전기주임, 전기산업기사는 전기과장, 전기기사는 더 높은 직급을 담당할 수 있어 단계적인 발전도 가능합니다.

실제 성공 사례들을 보면, 많은 5060세대가 "58세 전기기사 합격 후 시설관리 4년 근무 중" "67세인데도 현재 근무 중이고 오라는 곳이 많다" "은행 퇴직 후 전기기능사, 승강기기능사, 소방설비 자격증 취득 후 건물 관리소장으로 4년째 근무 중" 등의 성공 사례를 공유하고 있습니다.

인맥을 활용한 재취업

많은 재취업 교육에서 "인맥을 활용하라"고 조언하지만, 20년간 40대, 50대, 60대 퇴직자들의 재취업 컨설팅을 담당해 온 굿애프터라이프 간호재 대표는 이를 잘못 이해하여 지인에게 직접 일자리를 부탁하는 경우가 많다고 지적합니다. 하지만 이는 부탁하는 사람도 받는 사람도 부담스러운 방법입니다.

간호재 대표가 컨설팅한 57세 사료 사업 임원 출신의 성공 사례를 살펴보겠습니다. 이분은 같은 업계에서 일하던 선배가 운영하는 중소기업에 관심이 있었지만, 처음 만났을 때는 취업 이야기를 꺼내지 못했습니다.

간호재 대표의 조언에 따라 전략을 바꿔서 다시 만났을 때, 자신이 그 회사에 어떤 기여를 할 수 있는지 구체적으로 제시했습니다. 첫째, 기존 거래선을 활용하여 매출 증대에 도움을 줄 수 있다는 점, 둘째, 대기업에서 쌓은 시스템 경험을 바탕으로 직원들의 업무 효율성을 높여줄 수 있다는 점을 명확히 설명했습니다.

결과적으로 그 선배는 원래 채용 계획이 없었음에도 새로운 자리를 만들어 그분을 채용했습니다. 간호재 대표는 "인맥 활용이란 단순히 일자리를 부탁하는 것이 아니라, 회사가 필요로

하는 가치를 내가 제공할 수 있음을 보여주는 것"이라고 강조합니다.

간호재 대표가 권하는 올바른 인맥 활용법은 먼저 정보를 요청하는 것부터 시작합니다. 관심 있는 회사의 내부 사정, 채용 계획, 업계 트렌드 등의 정보는 부탁받는 사람에게는 부담이 되지 않으면서도 구직자에게는 매우 유용한 정보입니다. 이런 정보를 바탕으로 자신이 어떤 기여를 할 수 있는지 구체적인 방안을 준비한 후, 그것을 제시하는 것이 성공적인 재취업의 핵심이라고 간호재 대표는 조언합니다.

퇴근 후 시간을 활용한 스마트한 학습법

"직장생활을 하면서 자격증을 준비하는 것은 쉽지 않은 일입니다."

김훈 작가가 실제로 활용한 스마트폰을 이용한 학습법으로 이 문제를 효과적으로 해결할 수 있습니다. 김훈 작가의 방법은 먼저 공부한 내용을 요약한 후, 그 내용을 소리 내어 읽으면서 스마트폰으로 녹음하는 것입니다. 이렇게 만든 음성 파일을 운전할 때, 집안일을 할 때, 이동할 때, 누군가를 기다릴 때 등 자투리 시간에 이어폰으로 들으면 됩니다.

김훈 작가는 "이 방법을 통해 공부했던 내용을 지속적으로 상기시킬 수 있어 기억력 향상에 상당한 도움이 되었다"고 설명합니다.

혼자 공부하다 보면 지치기 쉬운데, 김훈 작가의 경험에 따르면 이때 중요한 것이 동기 부여입니다. 김훈 작가의 경우 같은 시기에 전기 분야 공부를 하는 팀장이 있어서 서로 격려하며 지속할 수 있었다고 합니다. 팀장은 전기기사, 전기공사기사까지 모두 취득했고, 같은 목표를 가진 동반자가 있어 상당한 의지가 되었다고 김훈 작가는 회상합니다.

만약 주변에 그런 사람이 없다면 김훈 작가가 추천하는 온라인 커뮤니티 네이버의 '전기박사' 카페에서는 5060세대들의 합격 수기와 취업 성공 사례를 많이 찾아볼 수 있어 동기부여와 정보 습득에 도움이 됩니다.

작은 실천부터 시작하는 재취업 준비

거창한 계획보다는 작은 실천부터 시작해 보기 바랍니다.

첫째, 내가 정말 하고 싶은 일이 무엇인지 진심으로 자기 자신과 마주해 보세요. 강광일 이사의 말처럼 "50대부터는 내 새로운 인생을 준비한다고 명확하게 설정하고 구체적으로 내가 어떤 일을 할 수 있는지, 뭘 하고 싶은지" 깊이 고민해야 합니다.

<u>둘째</u>, 새로운 분야에 도전하는 경우라면 해당 분야의 자격증이나 전문 지식을 미리 준비하여 진정성을 보여주는 것이 중요합니다. 김훈 작가의 작은아버지가 60대에 전기기능사를 취득한 사례처럼, 나이는 장벽이 아니라 오히려 성실함과 열정을 보여주는 증거가 될 수 있습니다.

<u>셋째</u>, 인맥을 올바르게 활용하는 방법을 익혀보세요. 단순히 일자리를 부탁하는 것이 아니라, 정보를 수집하고 내가 어떤 가치를 제공할 수 있는지 구체적으로 준비하는 것이 핵심입니다.

간호재 대표가 강조하는 재취업 성공의 가장 중요한 원칙은 "회사가 필요로 하는 것을 내가 제공할 수 있는가"입니다. 많은 구직자가 포털사이트에 이력서를 무작정 제출하지만, 100번을 지원해도 연락이 오지 않는 경우가 많습니다. 간호재 대표는 "이것이 단순히 나이 때문만이 아니라, 회사의 니즈와 자신이 제공할 수 있는 가치가 일치하지 않기 때문"이라고 분석합니다.

성공적인 재취업을 위해서는 먼저 자신이 어떤 가치를 제공할 수 있는지 명확히 파악해야 합니다. 이전 경력에서 쌓은 전문성, 인맥, 노하우 등을 구체적으로 정리하고, 이것이 목표 회사에 어떤 도움이 될 수 있는지 제시할 수 있어야 한다고 간호재 대표는 조언합니다.

  재취업은 단순한 일자리 찾기가 아닙니다. 자신의 경험과 역량을 바탕으로 새로운 가치를 창출하고, 이를 통해 개인적 만족과 사회적 기여를 동시에 실현하는 것입니다. 적절한 준비와 전략적 접근을 통해 누구나 성공적인 재취업을 이룰 수 있다는 확신을 가지고 도전하길 바랍니다.

24 삶을 풍요롭게 만드는 취미

은퇴 후의 삶은 오랜 직장생활과 사회적 책임에서 벗어나 온전히 '나'를 위한 시간을 가질 수 있는 더할 나위 없이 소중한 기회입니다. 하지만 많은 이들이 막상 은퇴하고 나면 일 빼고는 딱히 할 줄 아는 게 별로 없다고 토로하곤 합니다. "맨날 술 마시고 노래방 가는 것 외에는 딱히 할 게 없네요" "젊었을 때 뭘 좀 배워둘 걸 그랬어요" 같은 아쉬움 섞인 이야기들을 자주 듣습니다. 현직에 있을 땐 그리 좋아하던 골프도 막상 은퇴하고 나면 만만치 않은 비용 부담에 직면하고, 설사 내가 괜찮더라도 함께 칠 친구들이 부담을 느껴 조심스럽다고 합니다. 그래서 요즘엔 주로 당구장을 찾는데, 그곳은 온통 60대, 70대가 판을 친다는 '웃픈' 현실을 말하기도 합니다. 미리 춤이라도 배우고, 요리라도 익히고, 꾸준히 할 수 있는 운동 하나쯤은 해뒀어야 했는데 그러지 못한 것이 그렇게 아쉬울 수 없다고 말이죠.

이처럼 은퇴 후 삶의 활력을 잃지 않기 위해 **취미는 선택이 아닌 필수**입니다. 취미는 단순히 시간을 보내는 것을 넘어, 삶에 새로운 의미를 부여하고, 사회적 관계를 넓히며, 정신적·육체적 건강을 지키는 중요한 역할을 합니다. 젊은 시절 바쁘다는 핑계로 미뤄두었던 나 자신과의 만남을 이제라도 시작해야 할 때입니다. 지금부터라도 인생 2막을 풍요롭게 채워줄 취미를 찾아보는 것은 어떨까요? '늦었다'는 생각은 잠시 접어두고, 용기를 내어 새로운 도전을 시작할 때입니다. 우리 삶의 진정한 주인이 되는 즐거운 여정을 시작할 준비가 되셨나요?

그렇다면 행복한 인생 2막을 위한 취미는 어떻게 찾아야 할까요? 단순히 시간을 때우는 것을 넘어, 내 삶에 활력과 의미를 더해줄 진정한 취미를 발견하기 위한 네 가지 지침을 제안합니다.

어릴 적 좋아했던 활동이나 학창 시절의 꿈, 혹은 직장생활 중에도 몰래 즐기던 소소한 취미가 있었을 겁니다. 잠시 잊고 있었던 그 활동들이야말로 내면에 숨겨진 진정한 열정을 다시 불러일으킬 수 있는 귀중한 힌트가 됩니다. 어린 시절 그림을 그리며 시간 가는 줄 몰랐던 기억, 학창 시절 밴드 활동에 대한 설렘, 혹은 업무 스트레스 속에서 잠시 짬을 내 즐기던 독서나 뜨개질 등, 몰입하게 했던 작은 경험들을 떠올려 보세요.

오랫동안 묵혀 두었던 낡은 기타를 다시 잡거나, 붓을 들어 캔버스 앞에 앉는 것만으로도 새로운 삶의 에너지가 샘솟을 수 있습니다. 과거의 자신과 현재의 자신을 연결하는 이 과정은 단순히 옛날의 기억을 되살리는 것을 넘어, '나는 원래 이런 것을 좋아하는 사람이었지'라는 잃어버린 자아를 찾아가는 감동적인 경험이 될 것입니다. 이미 한번 흥미를 느꼈던 분야이기에 다시 시작하기도 수월하고, 익숙한 것에서 오는 편안함이 새로운 시작에 대한 부담감을 덜어줄 수 있습니다. 잊었던 장비를 꺼내 먼지를 털어내고, 다시 그 활동에 몰입하는 순간, 시간의 흐름을 잊고 오직 현재의 즐거움에 빠져들게 될 것입니다. 삶에 새로운 활력을 불어넣는 가장 자연스럽고 강력한 방법의 하나입니다.

'이 나이에 뭘 새롭게 배워?'라는 생각은 자신을 가두는 가장 큰 장애물입니다. 이러한 고정관념은 우리 안에 숨겨진 무한한 가능성을 스스로 가로막는 벽이 됩니다. 시대가 변하고, 평균 수명이 늘어나면서 50대, 60대는 더 이상 '노년'이 아닌 '인생 후반전의 시작'입니다. 오히려 젊은 시절에 바쁘다는 핑계로 미처 배우지 못했던 것들을 지금이라도 시작할 수 있는 절호의 기회입니다.

예를 들어, 스마트폰 활용 교육을 통해 온라인 커뮤니티에 참여하거나 다양한 정보를 얻는 것은 새로운 취미를 시작하는 첫걸음이 될 수 있습니다. 디지털 문맹이라는 벽을 허물고 온라인 세상으로 한 걸음 들어서는 순간, 무궁무진한 배움과 소통의 기회가 펼쳐질 것입니다. 요리 교실에 등록하여 그동안 꿈꿔왔던 자신만의 레시피를 개발하거나, 가족에게 맛있는 음식을 대접하는 즐거움을 누릴 수도 있습니다. 낯선 식재료를 탐색하고 새로운 조리법을 익히는 과정은 뇌를 자극하고 성취감을 안겨줄 것입니다.

춤이나 악기 연주처럼 몸을 움직이거나 감성을 자극하는 활동은 정신 건강에도 큰 도움이 됩니다. 탱고를 배우며 새로운 리듬에 몸을 맡기거나, 피아노 건반 위에서 아름다운 선율을 만들어내는 기쁨을 만끽하는 것은 잊었던 활력을 되찾는 데 큰 역할을 합니다. 이처럼 새로운 분야에 도전하는 용기는 삶을 더욱 풍요롭고 다채롭게 만들어 줄 것입니다. 중요한 것은 완벽함이 아니라, '시작하는' 용기입니다.

은퇴 후 많은 이들이 느끼는 외로움은 건강 못지않게 삶의 질을 떨어뜨리는 주요 요인입니다. 직장이라는 거대한 울타리가 사라지면서 사회적 관계망이 급격히 축소될 수 있기 때문입니다. 이러한 외로움을 해소하고 삶의 만족도를 높이는 데 효과적인 것이 바로 **사회적 연결을 돕는 취미**입니다. 동호회 활동, 봉사 활동, 학습 모임 등은 취미 생활을 통해 자연스럽게 새로운 사람들을 만나고 관계를 맺을 기회를 제공합니다.

함께 운동하거나, 특정 주제를 깊이 있게 공부하거나, 자신의 재능을 나누는 활동은 강력한 소속감을 느끼게 하고 사회적 고립감을 해소하는 데 큰 도움이 됩니다. 예를 들어, 등산 동호회에 가입하여 자연의 아름다움을 함께 만끽하거나, 사진 동호회에서 아름다운 순간을 기록하며 서로의 시선을 공유하는 것은 활기찬 노년을 위한 좋은 선택입니다. 인문학 강좌나 외국어 스터디 그룹에 참여하여 지적 호기심을 충족시키면서도 새로운 배움의 공동체를 형성할 수 있습니다. 지역 사회의 평생 학습 프로그램이나 노인복지관 문화 강좌를 적극적으로 활용하면 비용 부담 없이 다양한 취미를 경험하고 새로운 인연을 만날 수 있습니다.

이러한 활동들은 단순한 시간 보내기를 넘어, 우리에게 소속감, 인정, 그리고 타인과의 유대감을 제공하며 삶의 질을 한층 더 높여줄 것입니다. 함께 웃고 이야기하며 공감대를 형성하는 과정에서 우리는 다시금 사회의 구성원으로서 살아있음을 느끼게 될 것입니다.

취미는 단발성 이벤트가 아니라 꾸준히 즐길 수 있는 활동이어야 그 진정한 가치를 발휘합니다. 따라서 '지속 가능성'을 고려하여 취미를 선택하는 것이 매우 중요합니다. 너무 많은 시간이나 과도한 비용이 드는 취미보다는, 자신의 생활 방식과 경제 상황에 맞춰 꾸준히 지속할 수 있는 취미를 선택하는 것이 현명합니다. 처음에는 열정적으로 시작했지만, 현실적인 제약에 부딪혀 쉽게 포기하게 되는 취미는 오히려 좌절감을 안겨줄 수 있기 때문입니다.

때로는 소박한 텃밭 가꾸기, 동네 뒷산 산책, 조용한 카페에서 즐기는 독서, 혹은 좋아하는 음악 듣기처럼 일상에서 쉽게 즐길 수 있는 취미가 더 큰 만족감을 줄 수도 있습니다. 중요한 것은 강박적으로 무언가를 해야 한다는 부담감보다는, 순수한 즐거움을 느끼고 그 활동에 온전히 몰입할 수 있는 활동을 찾는 것입니다. 몰입은 우리에게 시간의 개념을 잊게 하고, 내면의 평온과 깊은 만족감을 선사합니다. 이는 곧 자존감을 높이고 삶의 의미를 재발견하게 해줍니다.

직장인의 역할이 사라진 후에도, 취미를 통해 '나는 여전히 유능하고, 즐거움을 찾을 수 있는 사람'이라는 긍정적인 자기 인식을 가질 수 있게 됩니다. 나아가, 꾸준히 갈고 닦은 취미가 누군가에게는 영감이 되고, 또 다른 형태의 사회적 기여로 이어질 수도 있습니다. 예를 들어, 뜨개질 취미로 만든 작품을 불우이웃에게 기부하거나, 오랜 시간 갈고 닦은 요리 실력으로 소외된 이웃에게 따뜻한 식사를 제공하는 등의 활동이 그것입니다. 이러한 선순환은 삶을 더욱 풍요롭고 의미 있게 할 것입니다.

행복한 인생 2막은 결코 저절로 찾아오지 않습니다. 그것은 의도적이고 능동적인 노력의 결과입니다. '현명한 은퇴자들'은 돈 관리나 건강 관리만큼이나 '삶의 즐거움'을 위한 투자를 게을리하지 않았습니다. 그들은 취미를 단순한 여가 활동이 아니라, 자신의 삶을 풍요롭게 만들고 내면의 성장을 이끄는 중요한 요소로 인식했습니다.

지금 바로, 마음을 설레게 하는 작은 취미 활동부터 시작해 보는 건 어떨까요? 어릴 적 즐거웠던 기억을 더듬거나, 새로운 것에 대한 호기심을 따라가 보세요. 사회적 연결을 돕는 취미를 통해 새로운 사람들을 만나고, 꾸준히 즐길 수 있는 활동을 선택하여 지속 가능한 즐거움을 만들어가세요. 그 작은 시작이 인생 2막을 풍요롭고 의미 있게 채워줄 것이며, 삶에 새로운 활력과 깊은 만족감을 선사할 것입니다. 늦었다고 생각하지 마십시오. 가장 빠른 때는 바로 '지금'입니다. 용기 있는 한 걸음이 후회 없는 노후를 위한 가장 강력한 밑거름이 될 것입니다.

25 지혜로운 인간관계:
사람 안에서 상처받고, 치유하는 법

    퇴직 후 삶의 전환기에 놓인 많은 이들은 경제적 어려움, 사회적 고립, 그리고 이로 인한 심리적 고통이라는 삼중고에 직면하곤 합니다. 오랜 시간 몸담았던 직장을 떠나면서 사회적 역할과 지위를 잃어버리는 것은 단순히 수입의 단절을 넘어, 개인의 정체성과 소속감을 뿌리째 흔들 수 있습니다. 이러한 상황은 가정 내 역할 변화나 재정적 압박과 맞물려 가족 간의 갈등을 심화시키기도 합니다. 그러나 이 모든 어려움 속에서 우리가 간과해서는 안 될 중요한 지점이 있습니다. 바로 '관계'입니다.

    "이제는 사람을 좀 줄여야겠어." 중년에 접어든 이들이 흔히 하는 말입니다. 인맥 유지에 지치고, 진정성 있는 관계만을 원하며, 불편한 인간관계에서 벗어나고 싶은 마음은 충분히 이해됩니다. 이 말 자체가 틀린 것은 아니지만, 관계를 줄이는 것이 자신을 보호하고 성장시킬 것이라는 믿음 속에는 은근한 착각이 숨어 있을 수 있습니다. 나이가 들면 친구나 가족이 줄고 직장에서의 접점도 사라지면서 관계가 자연스레 축소되는 경향이 있습니다. 가까운 이들만 남기고 새로운 인연을 부담스럽게 여기는 것이죠. 하지만 우리는 여기서 질문해야 합니다. 관계를 줄이면 과연 더 평온해질까요, 아니면 사고의 틀이 굳어지고 마음이 좁아질까요? 관계의 축소는 단순히 수의 문제가 아니라, 사고와 감정, 태도의 다양성을 잃는 위험을 내포합니다.

심리학자 로라 카스텐슨(Laura Carstensen)의 '사회정서적 선택 이론(Socioemotional Selectivity Theory)'에 의하면, 인간은 시간이 유한하다고 느낄수록 감정적으로 의미 있는 관계에 더 집중하려는 경향이 있습니다. 노화는 시간을 제한된 자원으로 인식하게 만들고, 따라서 감정적으로 보람 있는 관계를 선별하려는 성향이 강해지는 것이죠. 문제는 이러한 선별이 지나치게 일어나면 <u>관계 폐쇄성</u>이 나타난다는 것입니다. 익숙한 사람만 만나고, 같은 대화만 반복하며, 유사한 생각을 하는 사람들끼리만 모이게 되면 정보의 다양성이 현격히 떨어집니다. 이는 곧 인지적 경직성과 판단력 저하로 이어집니다. 예측할 수 있는 대화와 동일한 의견의 반복은 처음엔 안정감을 주지만, 점차 우리의 사고와 정서적 반응을 단조롭게 만듭니다.

우리는 이미 믿고 있는 것을 강화하는 정보를 더 잘 받아들이고, 반대되는 정보는 무시하거나 왜곡하는 경향이 있습니다. 이를 **확증편향**이라고 부릅니다. 다양한 인간관계는 이 편향을 줄이는 방파제 역할을 합니다. 나와 다른 의견을 가진 사람과의 대화는 때로는 불편할 수 있지만, 동시에 나의 사고 틀을 깨뜨리는 결정적 계기를 제공합니다. 반대 의견은 상처가 아니라 확장의 기회인 셈이죠. 그러나 중년 이후 폐쇄된 관계만 유지하게 되면, 이 편향이 점점 강화되어 자신이 듣고 싶은 말만 듣고, 말하고 싶은 말만 하게 되는 구조가 굳어집니다. 의견이 다른 사람을 피하고, 생각이 다른 사람을 틀렸다고 단정하며, 자신과 유사한 사람끼리만 모여서 "맞지, 맞지" 하고 고개를 끄덕이는 사회적 공명실(echo chamber)에 갇히게 되는 것입니다.

관계가 줄어들면 피드백도 줄어들고, 자기 점검이 어려워집니다. 그 결과 자신을 돌아보는 힘보다 자신을 변명하는 습관인 **자기합리화**가 강해집니다. "그럴 수밖에 없었어" "내가 틀린 게 아니라 세상이 잘못된 거야" 같은 문장은 자기 보호의 언어인 동시에 변화 회피의 선언이기도 합니다. 관계가 사라지면, 자신을 비춰볼 거울이 사라지는 것과 같아 누군가 나의 말을 멈추게 해주고, 나의 사고를 교정해 주는 기회도 함께 사라지는 것이죠. 사회심리학자 페스팅거(Festinger)는 인간이 자신의 신념, 태도, 행동 간에 불일치가 생기면 불편함을 느끼며 이를 해소하려한다고 보았는데, 이를 **인지부조화**라고 합니다. 다양한 관점에 노출되지 않으면, 우리는 이 불일치를 마주할 기회조차 줄어들게 됩니다. 관계 축소는 일종의 '인지적 멀미 방지 장치'처럼 작동하여, 불편한 정보를 주는 사람과의 관계를 끊음으로써 스스로 불편함을 피하려 하는 것입니다. 결국 나이가 들수록 우리는 '자신을 방해하지 않는 사람들'만 곁에 남기고, 나머지를 정리해 나가며 점점 '나만의 안전지대'에 갇히게 됩니다.

기업에서 고위직일수록 잘못된 의사결정을 내릴 가능성이 커진다는 아이러니한 연구 결과가 있는데, 그 이유 중 하나가 바로 관계의 축소입니다. 조직 내에서 더 이상 그 사람에게 반대 의견을 제시하지 않게 되는 것이죠. 특히 중년 이후 개인이 주체가 되는 인생 의사결정(이직, 은퇴, 재도전 등) 과정에서 주변 시야가 좁아지면 판단은 폐쇄적, 감정적, 자기중심적으로 흐르기 쉽습니다. 결국 객관성은 무너지고, 편의적인 판단이 주가 됩니다. 자신이 옳다는 확신은 점점 강해지지만, 그 확신이 어디에서 비롯됐는지는 돌아보지 않게 됩니다.

다양한 사람들과의 접촉은 단순히 외부 정보를 받아들이는 기능만 하는 것이 아닙니다. 이는 곧 감정의 스펙트럼을 넓히고 조절 능력을 확장하는 데에도 이바지합니다. 갈등은 감정의 실험실이고, 대화는 감정의 정제 공장입니다. 그러나 갈등을 피하고, 나를 이해해 주는 사람만 만나게 되면 감정은 퇴화합니다. 그리고 나중에는 작은 일에도 크게 상처받고, 다름을 견디지 못하게 됩니다. 작은 파열음에도 쉽게 흔들리는 감정 상태는 회복탄력성이 약화한 대표적 징후입니다.

사회적 관계는 존재감과 연결감의 근거입니다. 그물망처럼 연결된 관계 속에서 우리는 '나'를 확인하고 '존재의 의미'를 부여받습니다. 인간관계가 줄어들수록 외로움이 깊어지는 것은 생물학적 필연입니다. 실제로 사회적 고립은 고혈압, 우울, 인지기능 저하, 심지어 사망률 증가와도 밀접한 관련이 있다는 연구가 지속적으로 발표되고 있습니다. 나이가 들수록 건강보다 중요한 것은 고립되지 않는 삶을 설계하는 일입니다.

다양한 관계는 다양한 사고를 유입시킵니다. 이는 곧 인지적 유연성을 유지하는 자극이 됩니다. 반복되는 대화와 예측할 수 있는 관계는 뇌를 편안하게 하지만, 동시에 게으르게 만듭니다. 반대로 새로운 사람, 다른 세대, 낯선 분야 사람과의 접촉은 뇌를 깨웁니다. 이것이 중년 이후에도 공부하고, 봉사하고, 커뮤니티에 참여해야 하는 이유입니다. 뇌는 자극이 없으면 굳습니다. 관계는 그 자극의 가장 효율적인 방식입니다.

감정은 근육입니다. 다양한 인간관계를 통해 감정의 폭과 깊이를 훈련할 수 있습니다. 특히 자기보다 약한 사람, 혹은 자신에게 비판적인 사람과 관계를 맺을 때 생기는 감정의 갈등은 장기적으로 감정 회복 탄력성을 키웁니다. 감정적으로 무뎌지는 것이 아니라, 정제되고 깊어지는 것이죠. 감정도 나이 듭니다. 그러나 관계가 있으면 감정도 함께 성장할 수 있습니다.

나는 관계 속에서 존재합니다. 이는 철학적인 선언이기도 하지만, 심리학적으로도 충분히 설명되는 진리입니다. 관계는 거울이고, 반사판이며, 때로는 스피커입니다. 관계가 넓어질수록 나는 더 많은 관점에서 나를 보게 되고, 그만큼 성찰과 확장의 기회를 얻게 됩니다. 이때 '폭'은 양의 문제가 아니라 '질의 다양성'의 문제입니다. 다양한 영역, 다양한 연령, 다양한 생각을 가진 사람들과의 관계 속에서 우리는 존재를 확장해 나갑니다.

나이가 들수록 우리는 편안함을 원하고, 익숙한 관계, 안전한 환경, 동질적인 사람을 찾습니다. 하지만 진짜 성장은 그 바깥에서 일어납니다. 관계를 줄이는 것이 아니라, 재편하고 재정렬하며 재구성해야 합니다. 익숙한 관계를 줄이는 대신, 낯선 관계를 늘리는 것. 불편함을 피하는 대신, 불편함 속으로 들어가는 용기. 그것이 바로 나이 들수록 삶을 확장하는 사람의 태도입니다. 나이 든다는 것은 새로운 관계를 맺을 용기가 사라지는 것이 아니라, 그 관계들이 주는 불편함마저도 품을 힘이 생겼다는 뜻일지 모릅니다. 관계는 곧 나의 반영입니다. 관계가 줄어드는 것은 나의 세계가 좁아지는 것입니다. 우리는 그렇게 늙어 가는 것이 아니라, 작아져 가는 것입니다. 그러니 지금, 낯선 사람에게 말을 걸어 보십시오. 확장될 시간입니다.

현대 사회는 기술의 발전과 함께 전례 없는 '초연결' 시대를 맞이하고 있습니다. 스마트폰과 다양한 디지털 플랫폼을 통해 사람들은 시공간의 제약을 넘어 전 세계와 소통하며 관계를 맺을 수 있게 되었습니다. 이러한 연결성은 언뜻 인간의 근본적인 소속감 욕구를 충족시키고 사회적 지지를 제공하여 스트레스 상황에서 유용한 대처 자원으로 작용할 수 있는 긍정적인 면을 지닙니다. 온라인 대화가 우울감과 외로움을 감소시키고 자존감을 높이는 데 이바지했다는 연구 결과도 있습니다.

그러나 이러한 초연결성은 역설적으로 새로운 형태의 관계 피로감과 외로움을 야기하고 있습니다. 수많은 온라인 연락처를 관리하고 끊임없이 쏟아지는 알림에 대응하는 부담은 사회적 과부하와 정서적 소진으로 이어질 수 있습니다. 양적인 연결의 증가는 오히려 피상적인 관계 형성을 초래하여 안정적인 대인관계 만족보다는 고독감을 심화시키는 모순적인 심리적 특성을 보입니다. 실제로 심리적 안녕을 위해서는 4~6개의 친밀한 관계가 가장 적절하며, 그 이상의 친밀한 관계는 오히려 심리적 부담으로 작용할 수 있다는 연구 결과가 있습니다.

이러한 배경 속에서 한국 사회의 인간관계 양상 또한 변화하고 있습니다. 15~59세 남녀 중 37%가 힘들 때 믿고 의지할 사람이 없다고 느끼는 것으로 나타났는데, 이는 관계의 중요성을 고려할 때 결코 낮은 수치가 아닙니다. 더욱이, 많은 친구를 사귀고 싶다는 생각에 동의하는 비율이 34%에 불과하고, 인간관계의 질을 높이고자 하는 욕구 또한 감소하는 추세가 관찰됩니다. 예를 들어, '나의 진짜 모습을 알아봐 주는 사람이 있으면 좋겠다'는 응답은 2015년 80%에서 2018년 73%로 줄어들었습니다. 동시에, 응답자의 58%가 인간관계를 정리할 필요성을 느끼고 있다고 답했습니다.

이러한 현상은 초연결 사회의 역설, 즉 연결성의 증가가 관계의 질적 저하와 관리 부담을 초래하여 관계 피로감과 외로움을 심화시키는 경향을 명확히 보여줍니다. 양적인 관계 확장이 개인의 만족도를 높이지 못하고 오히려 소진을 유발하자, 사람들은 관계의 양보다는 질을 우선시하고 불필요한 연결로부터 전략적으로 물러서는 방향으로 사회적 규범이 변화하고 있음을 시사합니다. 이는 개인이 관계의 '다다익선' 개념에서 벗어나 자신의 안녕을 위한 의도적인 관계 재구성을 모색하고 있음을 나타냅니다.

'인간관계 축소'라는 메시지는 단순히 관계를 끊어내는 것을 넘어, 개인의 심리적 안정과 성장을 위한 다층적인 접근 방식을 포함합니다. 심리학, 인지 심리학, 그리고 철학적 관점에서 이러한 관계 재정립의 필요성과 방법을 깊이 있게 탐구할 수 있습니다.

심리학자 알프레드 아들러는 "모든 고민은 인간관계에서 비롯된다"고 언급하며 인간관계가 개인의 삶에 미치는 지대한 영향을 강조한 바 있습니다. 현대 사회에서 많은 이들이 관계에서 오는 스트레스를 호소하며, 이는 관계 축소의 심리학적 근거가 됩니다.

전문가들은 지나치게 부정적이거나 자기중심적이며, 강압적이고 배려심이 없어서 에너지를 고갈시키는 사람들과의 관계는 스트레스 관리를 위해 적극적으로 끊어내거나 거리를 두는 것이 필요하다고 조언합니다. 또한, 분명 나쁜 사람은 아니지만 '결이 맞지 않아' 소통이 어렵고 불편함을 느끼는 관계 역시 억지로 유지할 필요가 없다고 봅니다. 이러한 관계를 지속하기 위해 불필요한 시간과 에너지를 소모하는 것은 개인의 행복을 저해하는 요인이 되기 때문입니다.

미니멀리즘 철학은 이러한 관계 축소의 심리학적 접근을 뒷받침합니다. 미니멀리스트들은 물질적인 소유뿐만 아니라 사회생활과 인간관계에서도 '덜어냄'을 추구합니다. 이들은 타인의 인정이나 칭찬에 얽매이지 않고, 모든 모임에 참석해야 한다는 강박을 버리며, '지금, 이 순간, 나 자신의 행복'을 최우선으로 삼습니다. 관계를 통해 행복과 성장을 느끼는 사람들과의 만남은 지속하되, 에너지를 빼앗고 부정적인 영향을 주는 관계는 과감히 정리하는 것이 미니멀리즘 인간관계의 핵심입니다.

이러한 관점은 관계 유지를 의무로 여기기보다, 개인의 정신건강을 위한 전략적인 관계 정리의 중요성을 강조합니다. 특정 관계가 개인의 심리적 자원을 지속적으로 고갈시키는 경우, 이러한 관계를 줄이거나 단절하는 것은 스트레스를 관리하고 완화하는 직접적인 방법이 됩니다. 양창순 박사가 제안하는 **건강한 까칠함**이나 배르벨 바르데츠키가 강조하는 **자존감**은 개인이 외부의 시선이나 불필요한 갈등에 상처받지 않고 자신의 감정과 욕구를 분명히 표현하며 관계를 주도적으로 관리할 수 있는 심리적 도구로 작용합니다. 오카다 다카시의 **인간 알레르기** 개념 또한 관계에서 발생하는 불편함을 이해하고 대처하는 데 도움을 줍니다. 결론적으로, 관계 축소는 개인의 심리적 안녕을 위한 필수적인 자기 보호 메커니즘으로 작용합니다.

이는 단순히 스트레스에 대한 반응을 넘어, 미니멀리즘이라는 포괄적인 삶의 철학이 사회적 연결에까지 확장된 결과로 볼 수 있습니다. 개인이 자신의 행복과 성장을 최우선으로 삼아 관계를 의도적으로 선별하고 관리함으로써, 삶의 질을 높이고 더 풍요로운 내면을 가꿀 수 있다는 의미를 내포합니다.

인간관계에서 발생하는 스트레스는 종종 타인의 행동 자체보다, 그 관계에 대한 개인의 인지적 해석과 기대에서 비롯됩니다. 호라우치 야스타카의 **인간관계 정리 상자 이론**은 이러한 인지 심리학적 관점을 바탕으로 관계를 재정의하여 불필요한 에너지 소모를 줄이는 방법을 제시합니다. 이 이론의 핵심은 관계를 실제로 끊어내지 않고도 마음속으로 관계를 재정의하여 스트레스를 해소할 수 있다는 점입니다. 관계의 고민은 '이런 관계에서는 이렇게 행동해야만 한다'는 고정된 생각에서 비롯되는 경우가 많습니다. 따라서 자신의 마음속에서 관계를 받아들이는 방식과 생각을 바꾸는 것만으로도 상대방의 태도가 변화하는 경험을 할 수 있다고 설명합니다.

이 이론은 인간관계를 세 가지 상자로 분류합니다. 첫째, '아무래도 상관없는 상자'는 객관적 거리 유지가 필요하며 에너지 소모를 최소화해야 할 대상입니다. 대부분의 관계가 여기에 해당하며, 접점을 줄이고 마음속으로 거리를 두며 불필요한 기대를 내려놓음으로써 불필요한 스트레스를 줄이고 유한한 시간과 에너지를 효율적으로 사용할 수 있습니다. 둘째, '함께하고 싶은 상자'는 긍정적 상호작용을 통해 관계를 유지하고 발전시키기 위해 노력해야 할 대상입니다. 이들과는 좋은 관계를 맺는 방법을 모색하고 상호 작용을 강화하며 진심과 노력을 투자하여 소중한 관계에 집중하고 자기 성찰 및 행복 증진을 이룰 수 있습니다. 셋째, '이유 없이 끌리는 상자'는 깊은 유대감을 형성하고 꿈을 이루는 파트너십, 심지어 연애 관계까지 포함하는 대상입니다. 규칙보다는 끌림을 중시하는 이들에게는 용기 내어 다가가고 관계 발전을 위해 노력하며 감정적 기대를 현명하게 관리함으로써 소중한 관계에 집중하고 자기 성찰 및 행복 증진을 도모할 수 있습니다. 이 분류의 궁극적인 목적은 '싫은 사람'을 찾아내는 것이 아니라, 자신에게 '정말 소중한 사람'을 확인하고 그들에게 유한한 인생의 시간과 에너지를 집중하는 데 있습니다.

즉, 관계 정리는 불필요한 관계에 낭비되던 시간과 에너지를 효율적으로 재분배하여 진정으로 의미 있는 관계와 자기 자신에게 투자하는 전략적 행위인 것입니다. 이러한 인지 심리학적 접근은 관계 관리의 주도권을 개인에게 부여합니다. 관계에서 스트레스를 느끼는 원인이 타인의 행동뿐 아니라 자신 내부의 인지적 틀과 기대에 있다는 점을 깨달으면, 외부 환경을 바꾸기 어려운 상황에서도 자신의 내면을 조절해서 관계의 질을 개선할 수 있습니다. 이는 복잡한 현대 사회에서 관계를 완전히 단절하기 어려운 경우에도 적용할 수 있는 현실적인 해결책을 제시하며, 개인의 심리적 부담을 줄이는 데 이바지합니다.

인간관계 축소는 단순히 스트레스 회피를 넘어, 고독의 긍정적인 가치를 재발견하고 이를 통해 개인의 내적 성장을 도모하는 철학적 의미를 지닙니다. 요한 G. 치머만의 18세기 저서 〈고독에 관하여〉는 고독을 단순한 외로움이 아닌, 인간의 내적 성장과 자기 발견을 위한 필수적인 과정으로 보았습니다. 치머만은 고독이 정신적인 휴식과 성찰을 가능하게 하며, 감정적인 회복의 기회를 제공한다고 강조합니다.

그는 물리적으로 혼자 있는 상태뿐 아니라, 많은 사람 속에서도 내면에 집중하는 '지적인 고독'의 상태를 유지할 수 있다고 설명합니다. 이러한 고독의 시간은 정신의 효율성을 극대화하고, 관찰력, 지적 호기심, 창의력, 문제 해결 능력을 고도로 발달시키는 데 이바지한다고 보았습니다. 그는 인생에서 한 번은 깊은 고독을 체험하고, 삶 전체에 걸쳐 고독의 시간을 충분히 배치하는 것이 삶을 잘 살아가는 데 전략적으로 큰 도움이 된다고 주장합니다.

아르투어 쇼펜하우어 또한 고독의 가치를 높이 평가한 철학자입니다. 그는 "천재는 고독을 즐기지만, 평범한 사람은 무리 속에서 안도감을 느낀다"고 말하며, 진정한 창조적 활동과 깊은 사고를 위해서는 고독을 받아들이고 즐길 줄 알아야 한다고 강조했습니다. 쇼펜하우어에게 고독은 단순한 단절이 아니라 "정신적 독립의 어머니"이며, 자기 성찰과 내적 성장을 위한 필수적인 과정이었습니다. 그는 고독 속에서 타인의 영향에서 벗어나 진정한 자아를 발견하고 독립적인 사고를 할 수 있다고 보았으며, 자신도 평생 독신으로 살며 고독한 삶을 통해 철학적 사유를 깊이 탐구했습니다.

이러한 철학적 관점은 고독을 외면해야 할 부정적인 감정이 아니라, 개인의 자아실현을 위한 긍정적인 촉매제로 재개념화합니다. 의도적으로 건강한 고독을 받아들이는 것은 외부 자극과 사회적 요구에서 벗어나 내면을 탐구하고, 정신적 에너지를 집중하여 인지적, 창의적 능력을 최적화하는 데 이바지합니다. 이는 개인이 복잡하고 과도하게 연결된 세상에서 자신만의 내적 공간을 확보하고, 진정으로 중요한 것에 집중하며, 궁극적으로 더 풍요롭고 의미 있는 삶을 살아갈 수 있는 기반을 마련합니다.

'인간관계 축소'는 무조건적인 단절을 의미하는 것이 아니라, 관계의 질을 높이고 개인의 에너지를 효율적으로 관리하기 위한 현명한 전략입니다. 이를 위한 구체적인 실천 방안을 살펴보겠습니다.

건강한 관계를 재구성하기 위한 세 가지 핵심 원칙은 진솔함, 선 긋기, 그리고 혼자 있는 능력입니다.

첫째, **진솔함**은 역설적으로 사람들을 더 가깝게 만듭니다. 자신의 약점이나 진짜 의도를 숨기기보다 솔직하게 드러낼 때, 타인들은 자신의 불완전함을 공감하고 안심하며 마음의 문을 열게 됩니다. 이는 거짓된 자아를 형성하여 더 큰 좌절감을 느끼는 것을 방지하고, 타인뿐만 아니라 자기 자신과도 더 깊이 연결되는 계기가 됩니다.

둘째, **선 긋기**는 자신을 돕는 행위입니다. 타인의 요구를 거절하지 못하거나 자신의 필요를 요구하지 못하는 행동은 종종 부정적인 반응이나 갈등에 대한 두려움에서 비롯됩니다. 그러나 이러한 회피는 결국 자신의 욕구를 뒷전으로 미루고 타인의 일에 에너지를 낭비하게 만듭니다. 적절한 경계를 설정하고 자기주장을 분명히 하는 것은 자신의 감정과 욕구를 명확히 인식하고, 불필요한 억울함이 쌓이는 것을 방지하며, 오히려 매력적인 모습으로 비칠 수 있습니다.

셋째, **혼자 있는 능력**은 관계의 질을 높이는 데 필수적입니다. 여기서 혼자 있는 능력은 단순히 고독을 견디는 것을 넘어, 혼자 있는 시간을 즐길 수 있는 능력을 의미합니다. 혼자 있는 것이 괴로운 사람은 고립을 피하려고 타인에게 자신을 맞추거나

'거짓 자아'를 형성할 수 있습니다. 그러나 혼자서도 잘 지낼 수 있는 사람은 타인에게 의존하지 않고 진정성 있는 관계를 맺을 수 있으며, 이는 결국 누구와도 더 잘 지낼 수 있는 기반이 됩니다. 자기 충족적인 개인이 관계에 임할 때, 외부의 인정이나 끊임없는 타인의 존재에 대한 필요성이 줄어들고, 이는 보다 진정성 있고 건강한 상호작용으로 이어집니다.

퇴직 이후 가족과의 관계는 더욱 복잡 미묘해질 수 있습니다. 부모, 자녀, 형제자매, 시가, 처가 등 각자의 가족들은 저마다의 기대와 감정, 그리고 때로는 오랜 감정의 골을 가지고 있기 때문입니다. 특히 **돈 문제**는 가족 간의 갈등을 심화시키는 주요 원인이 됩니다. 은퇴를 앞두고 혹은 은퇴 후에 예상되는 경제적 어려움을 가족 모두가 함께 인지하고, 재정적으로 불필요한 마찰이 생기지 않도록 미리 소통하고 합의하는 노력이 필요합니다. 서로에게 경제적인 부담을 지우지 않기 위한 현명한 준비가 우선되어야 합니다.

오랜 시간 쌓여온 가족 간의 **감정의 골**은 쉽사리 해소되지 않을 수 있습니다. 상대방의 생각이나 가치관을 내가 원하는 대로 바꿀 수는 없다는 사실을 인정하는 것이 중요합니다. 대신, 상대의 다름을 **이해**하고, 과거의 아픈 기억을 **용서**하는 노력이 필요합니다. 이는 단순히 표면적인 화해가 아니라, 마음 깊이 박

아두고 꺼내지 않는 지혜로운 선택이 될 수 있습니다. 보름달이 뜨는 것을 볼 수 있는 횟수가 점차 줄어들듯이, 우리 가족, 특히 형제자매와 만날 수 있는 시간 또한 그리 많이 남아 있지 않습니다. 가족은 오랜만에 만나 싸우는 상대가 아니라, 가끔 만나 **따뜻함과 지지를 공유하는 시간**이 될 수 있도록 내가 먼저 노력해야 합니다. 진심으로 상대의 행복을 바라는 마음으로 다가가고, 과거의 상처를 들추기보다 현재의 관계에 집중하는 것이 중요합니다.

스마트폰과 SNS는 현대인의 삶에 깊숙이 자리 잡았지만, 동시에 관계 피로감을 가중하는 주요 원인이기도 합니다. SNS는 시간 낭비, 타인의 허세 가득한 피드를 보며 느끼는 상대적 박탈감, 개인 정보 노출, 그리고 현실 인간관계 소홀로 이어질 수 있습니다. 스마트폰이 사람들과의 직접적인 소통을 대체하고 가족 간의 대화까지 방해하는 현상도 관찰됩니다.

디지털 관계를 현명하게 관리하기 위한 전략은 다음과 같습니다. 먼저, 자신이 SNS를 사용하는 진정한 목적이 무엇인지 생각하고, 불필요한 사용을 줄여야 합니다. 둘째, SNS에 할애하는 시간을 계산하고 제한하며, 아침에 일어나자마자 스마트폰을 확인하는 습관을 되돌아봐야 합니다. 셋째, 불편함이나 시간 낭비를 유발하는 일면식 없는 계정이나, 5년 이상 연락하지 않았거나 스트레스를 주는 지인 계정은 과감히 언팔로우해야 합니다.

마지막으로, 더 나아가, 2주간 SNS에서 로그아웃 상태로 지내거나, 스마트폰과 태블릿에서 관련 앱을 삭제하고, 개인 계정의 글과 사진을 삭제하거나 계정을 비활성화/탈퇴하는 등의 '디지털 디톡스'를 고려할 수 있습니다. 디지털 플랫폼은 연결을 쉽게 하지만, 동시에 피상성을 심화시키고 심리적 부담을 가중하는 양날의 검과 같습니다. 온라인에서 이상화된 자아를 보여주며 인정 욕구를 충족하려는 경향은 낮은 자존감과 타인과의 비교에서 오는 열등감을 심화시킬 수 있습니다. 또한, 초연결된 소통은 가벼운 주제에 더 적합하며, 면대면 상호작용의 깊이와 질을 완전히 대체할 수 없다는 점이 중요합니다. 따라서 디지털 관계 관리는 개인의 시간과 에너지를 효율적으로 사용하고, 현실에서의 진정한 관계에 집중하며, 궁극적으로 디지털 환경이 개인의 삶을 지배하지 않도록 하는 데 필수적입니다.

'인간관계 축소'는 단순히 관계를 정리하는 행위를 넘어, 개인의 삶에 다각적인 긍정적 영향을 미치며 동시에 주의해야 할 지점들도 내포합니다.

의도적인 관계 축소는 개인의 전반적인 안녕과 성장에 다음과 같은 긍정적 효과를 가져옵니다.

첫째, **심리적 안정 및 스트레스 감소**입니다. 에너지를 고갈시키는 관계와의 접점을 의도적으로 줄임으로써 심리적 스트레스를 효과적으로 관리하고 부정적인 감정을 크게 줄일 수 있습니다. '인간관계 정리 상자' 이론 또한 불필요한 에너지 소모와 스트레스 완화를 명확한 목표로 제시합니다. 이는 개인의 정신 건강을 보호하고 정서적 안정감을 회복하는 데 결정적인 역할을 합니다.

둘째, **자기 성찰 및 내적 성장 촉진**입니다. 고독의 시간을 의도적으로 확보하는 것은 자기 발견, 내면의 성장, 정신적 휴식, 그리고 감정적 회복을 위한 필수적인 과정으로 작용합니다. 쇼펜하우어와 치머만의 철학이 강조하듯, 고독은 깊은 사색과 창의력을 함양하며, 사회적 압력에서 벗어나 진정한 개인의 자유를 찾게 합니다.

셋째, **소중한 관계에 대한 집중 및 만족도 증대**입니다. 유한한 시간과 에너지를 불필요한 관계에 낭비하지 않고, 진정으로 소중하고 의미 있는 관계에 집중함으로써 관계의 깊이와 질을 높일 수 있습니다. 이는 관계에서 오는 만족도를 높이고, 삶의 목적의식을 강화하는 데 이바지합니다.

넷째, **인지 능력 향상**입니다. 고독은 정신의 효율성을 극대화하고, 관찰력, 지적 호기심, 창의적인 문제 해결 능력을 포함한 전반적인 인지 능력의 발달을 촉진합니다. 외부 자극이 최소화된 환경에서 내면의 활동에 집중할 기회를 제공하여, 복잡한 문제에 대한 깊이 있는 사고와 통찰을 가능하게 합니다.

이러한 긍정적 효과들은 의도적인 관계 축소가 단순히 사회적 연결을 줄이는 행위를 넘어, 개인의 행복과 생산성을 극대화하기 위한 전략적인 삶의 선택임을 시사합니다. 불필요한 관계로부터의 해방은 개인에게 새로운 정신적, 시간적 자원을 부여하여, 이를 자기 계발, 창의적 활동, 그리고 소수의 깊은 관계에 재투자할 수 있게 합니다.

'인간관계 축소' 메시지는 긍정적인 효과와 더불어 몇 가지 유의점과 오해를 동반할 수 있습니다. 가장 중요한 것은 관계 축소가 <u>고립</u>으로 이어져서는 안 된다는 점입니다. 전문가들은 '건강한 고독'과 '고립'을 명확히 구분하며, 인간의 근본적인 소속감 욕구는 변치 않으며 외로움과 분리감은 견디기 힘든 심리적 고통이 될 수 있음을 강조합니다. 관계를 줄이는 목적은 외톨이가 되는 것이 아니라, 진정성 있고 지지적인 소수의 관계를 갈구하고 그 질을 높이는 데 있습니다.

관계의 양을 줄이더라도, <u>질 좋은 관계의 중요성</u>은 여전히 강조됩니다. 연구에 따르면 4~6개의 친밀한 관계가 심리적 안녕에 최적이라고 하며, 노년기에도 '좋은 인간관계' 유지는 행복을 위해 필수적입니다. 관계 축소는 모든 관계를 단절하는 것이 아니라, 자신에게 진정으로 의미 있는 관계를 선별하고 깊이 있게 가꾸는 과정이어야 합니다. 노년기에는 자연스럽게 고독의 시간이 늘어날 수 있지만, 이를 고통이 아닌 평화롭고 의미 있는 시간으로 받아들이는 태도가 중요합니다. 홀로 있는 것을 즐기는 법을 익히고, 다양한 취미 활동을 개발하여 고독력을 키우는 것이 노년의 행복에 이바지합니다. 한국 사회에서 관계 축소를 지향하는 경향이 외톨이가 되려는 의도는 아니며, 소수의 믿을 수 있는 사람, 특히 멘토-멘티와 같은 일대일 관계에 대한 갈구가 크다는 점을 고려해야 합니다. 이러한 유의점들은 관계 축소라는 개념이 오용되거나 극단적인 형태로 변질되는 것을 방지합니다.

인간은 본질적으로 사회적 존재이며, 관계의 형태와 범위는 변화할 수 있지만, 진정성 있는 연결에 대한 욕구는 지속됩니다. 따라서 관계 축소는 의도적인 선별과 질적 향상을 통해 개인의 삶을 풍요롭게 하는 방향으로 나아가야 하며, 고립을 초래하는 무분별한 단절과는 명확히 구분되어야 합니다.

현대 사회에서 '인간관계 축소'라는 메시지는 단순한 유행을 넘어, 초연결 시대의 역설적인 관계 피로감과 피상적인 연결이 야기하는 외로움에 대한 전략적인 대응으로 부상하고 있습니다. 이러한 접근 방식은 심리학, 인지 심리학, 그리고 철학적 통찰에 기반하여, 관계의 양적 확장에서 질적 우선순위로의 전환을 강력히 주장합니다.

전문가들은 관계 축소가 개인의 심리적 스트레스를 관리하고, 내면의 성장을 위한 고독의 가치를 재발견하며, 유한한 시간과 에너지를 효율적으로 사용하여 진정으로 소중한 관계에 집중하는 방안임을 제시합니다. 특히, 호라우치 야스타카의 '인간관계 정리 상자 이론'은 관계를 마음속으로 재정의하여 불필요한 스트레스를 줄이는 인지적 접근의 중요성을 강조하며, 쇼펜하우어와 치머만의 철학은 고독이 자기 발견과 인지적 효율성을 극대화하는 긍정적인 촉매제임을 역설합니다.

이러한 '관계 다이어트'의 실천은 <u>진솔함</u>, <u>건강한 선 긋기</u>, 그리고 <u>혼자 있는 능력</u>을 키우는 핵심 원칙에 기반합니다. 에너지를 고갈시키는 관계는 과감히 정리하고, 소중한 관계에는 진심과 노력을 투자하며, 디지털 환경 속에서는 SNS 사용 목적을 재고하고 불필요한 연결을 정리하는 등 현명한 관리 전략이 요구됩니다.

궁극적으로 의도적인 관계 축소는 심리적 안정, 자기 성찰, 소중한 관계에 대한 집중, 그리고 인지 능력 향상과 같은 다층적인 긍정적 효과를 가져옵니다. 그러나 이러한 과정이 고립으로 이어지지 않도록 '건강한 고독'과 '외로운 고립'을 명확히 구분하고, 인간의 본질적인 질 좋은 관계에 대한 욕구를 간과하지 않는 것이 중요합니다.

개인은 자기 삶의 주체로서, 관계를 수동적으로 받아들이기보다 능동적으로 평가하고 재구성할 힘을 지닙니다. 불필요한 관계에서 오는 부담을 덜어내고, 자신의 시간과 에너지를 진정으로 가치 있는 곳에 투자함으로써, 개인은 더 깊이 있는 자기 이해를 이루고, 소수의 의미 있는 관계 속에서 진정한 만족과 행복을 경험할 수 있을 것입니다. 이는 끊임없이 변화하는 사회 속에서 자신만의 건강하고 견고한 관계 생태계를 구축하는 여정의 시작입니다.

관계는 우리 삶의 바탕을 이룹니다. 단순히 폭을 좁히는 것만이 해답은 아닙니다. 오히려 **소중한 사람들을 더욱 소중히 여기고, 용서할 사람들을 용서하며, 새로운 사람들을 만나야 합니다.** 삶의 후반기에 접어들수록 관계의 **축소와 확장을 균형 있게** 가져가는 지혜가 필요합니다.

26 단단한 몸과 단단한 마음

　인생의 후반기에 접어드는 퇴직자들은 삶의 새로운 국면에서 다양한 어려움에 직면하곤 합니다. 경제적 불안정은 물론, 오랫동안 몸담았던 직장에서의 역할 상실은 사회적 고립과 심리적 어려움으로 이어지는 경우가 많습니다. 이러한 상황은 복합적으로 작용하여 개인의 삶의 만족도를 저하하며, 특히 **건강과 마음 관리**에 대한 깊은 성찰을 요구합니다.

　경제적 어려움은 50대 퇴직자들의 **심리적 건강**에 심각한 위협을 가합니다. 이들은 **자존감 저하, 우울감, 불안감, 소외감, 삶의 목적 상실, 정체성 혼란** 등 다양한 심리적 문제에 직면하게 됩니다. 오랜 시간 직장인, 가장, 혹은 사회적 리더의 역할을 해왔던 은퇴자들은 퇴직 후 이러한 역할이 사라지면서 "내가 더 이상 필요하지 않다"는 느낌을 받으며 자존감이 급격히 저하됩니다. 규칙적인 일상이 사라지고 특별히 몰두할 수 있는 활동이 없다면 무기력감에 빠지기 쉽습니다. "왜 하루하루를 살아야 하는지 모르겠다"는 심정으로 인해 심리적 에너지가 고갈되는 경우도 많습니다. 특히 재취업 면접에서 "좀 더 젊은 분을 찾고 있어요"라는 말을 들을 때 자존감이 "바닥을 치는" 경험을 한다고 합니다.

경제적 불안은 <u>우울증</u>과 <u>불안증</u>의 주요 원인이 됩니다. 자신을 사회적 '부담'으로 느끼는 경우 정신 건강에 큰 타격을 입을 수 있습니다. 중장년층 우울증은 50대 이전의 우울증과 달리 무기력함, 신체 특정 부위 통증, 불면증 등으로 나타나 자각하기 어렵고, 심한 경우 기억장애, 망상, 초조함이 동반되어 치매와 헷갈리기도 합니다.

2018년 건강보험심사평가원 분석을 보면 40~50대 중장년층 우울증 환자 수가 우울 취약 계층으로 알려진 60~70대 노인 환자 수와 비슷한 수준으로 매년 증가하고 있습니다. 그러나 우울증 진단을 받았음에도 병원 가는 것조차 귀찮아하는 사례가 있을 정도로 한국의 정신건강 서비스 이용률은 15.3%로, OECD 국가 중 최하위 수준입니다.

이러한 낮은 서비스 이용률은 중장년층의 심리적 어려움이 사회적으로 충분히 인지되지 못하고 적절한 지원을 받지 못하고 있음을 시사합니다. 미래에 대한 불확실성("앞으로 어떻게 살아가야 할까?", "건강이 나빠지면 어떻게 하지?") 또한 지속적으로 은퇴자의 마음을 짓누르는 불안감의 원인이 됩니다.

은퇴는 개인의 삶에서 큰 전환점입니다. 직장이나 사회적 지위가 개인의 정체성을 형성하는 데 중요한 역할을 해왔던 은퇴 전과 달리, 은퇴 후에는 이러한 정체성이 흔들리면서 "나는 누구인가?"라는 질문에 답을 찾지 못해 심리적 혼란을 겪습니다. 새로운 삶의 목적을 찾지 못하면 "내 삶은 이제 끝났다"는 비관적인 생각에 빠질 위험이 있습니다.

신체 건강과 정신 건강은 밀접하게 연관되어 있습니다. 은퇴 후 건강 상태가 악화하면 우울증이나 불안증 같은 심리적 문제로 이어지기 쉬우며, 반대로 심리적 스트레스는 수면 부족, 만성 피로, 소화 장애 등 신체적 질병을 악화시키는 악순환을 발생시킵니다. 50대 중반에는 급격한 기분 변화, 기억력 감퇴, 성기능 장애 등을 겪다가 후반에는 골다공증, 심혈관 질환, 치매 등이 나타날 수 있습니다. 또한, 노화와 함께 미각/후각 저하, 잇몸 약화, 피부 변화, 요로 조절 어려움, 관절 유연성 감소, 근육량 감소, 삼킴 어려움 등 다양한 신체 변화가 발생하여 전반적인 삶의 질을 떨어뜨립니다. 이러한 신체적 변화는 심리적 어려움을 더욱 가중하는 요인으로 작용합니다.

은퇴자들의 삶의 만족도는 절반 이상이 '보통'으로 평가하고 있으며, 스스로 평가한 건강 상태 또한 절반 이상이 '나쁨'으로 응답했습니다. 이는 퇴직자들이 전반적으로 만족스럽지 못한 노후를 보내고 있음을 나타냅니다. 40~50대 중장년층 우울증 환자 수가 지속적으로 증가하고 있음에도 불구하고, 한국의 정신 건강 서비스 이용률이 OECD 국가 중 최하위 수준이라는 점은 심리적 어려움이 사회적으로 충분히 인지되지 못하고 필요한 지원이 제대로 이루어지지 않아 많은 이들이 고통 속에 방치되고 있음을 시사합니다. 이러한 비가시적인 심리적 고통은 신체 건강 악화로 이어지는 악순환을 형성하며, 퇴직자들의 삶을 더욱 힘들게 만드는 핵심 요인으로 작용합니다.

고령화 사회로의 진입은 전 세계적인 현상이며, 노년층의 **건강과 질병 예방**은 사회적으로 중요한 과제로 부상하고 있습니다. 노화는 만성 질환(심장병, 당뇨, 관절염), 인지 저하(알츠하이머), 뼈 및 관절 건강 악화(골다공증), 심혈관 문제(고혈압, 고콜레스테롤), 면역 체계 약화, 정신 건강 문제(우울증, 불안) 등 다양한 건강 문제를 일으킵니다. 이러한 복합적인 건강 과제에 대응하기 위해서는 다각적인 접근이 필수적입니다.

세계보건기구(WHO)는 '활동적 노화(active ageing)'를 건강, 참여, 안보 기회를 최적화하여 삶의 질을 높이는 과정으로 정의하며, '건강한 노화(healthy ageing)'를 노년기에 웰빙을 가능하게 하는 기능적 능력을 유지하는 과정으로 설명합니다. 이는 기본적인 욕구 충족, 학습 및 성장, 이동성, 관계 형성 및 유지, 사회 기여 능력 등을 포함하는 포괄적인 개념입니다. WHO의 이러한 정의는 노년기 건강 관리가 단순히 질병의 부재를 넘어, 개인이 삶의 모든 영역에서 능동적으로 참여하고 만족감을 느끼는 상태를 지향해야 함을 명확히 합니다. 따라서 노년층이 삶의 모든 차원에서 번성할 수 있는 환경을 조성해야 합니다.

노년기에는 파킨슨병, 통풍, 녹내장 등 다양한 만성 질환과 신체 기능의 변화가 두드러지게 나타납니다. 파킨슨병은 보행, 언어, 표정, 연하 곤란 등 운동 기능 장애를 유발하며, 우울증, 기억 장애, 심지어 치매를 동반할 수도 있습니다. 통풍은 조기에 발견하여 예방 조치를 취하고, 과체중, 고혈압, 고지혈증 등을 조절하며, 과도한 음주를 피하고 식습관을 개선하는 것이 중요합니다. 녹내장은 시력 저하, 두통, 오심 및 구토 등의 증상을 유발할 수 있어 주의가 필요합니다.

노화가 진행됨에 따라 뼈는 뒤틀리거나 쉽게 부러지는 경향이 있으며, 근육은 위축됩니다. 특히 대퇴부와 복부의 근력 저하가 두드러져 보행 안정성을 떨어뜨리고 낙상 사고와 밀접한 관련이 있습니다. 낙상은 단순한 사고를 넘어 뇌 손상으로 이어질 수 있으며, 이는 다시 인지 기능 저하를 가속할 수 있습니다.

미국에서는 심장병, 암, 코로나19, 사고, 뇌졸중 등이 노년층의 주요 사망 원인으로 나타나며, 전반적으로 만성 질환, 인지 저하, 뼈 및 관절 건강 악화, 심혈관 문제, 면역 체계 약화가 노년기의 흔한 건강 과제로 지목됩니다. 이러한 신체 건강 문제들은 서로 밀접하게 연관되어 있습니다. 예를 들어, 만성 질환은 인지 기능 저하의 위험을 높이고, 신체 활동 부족은 근력 저하와 낙상 위험을 증가시키며, 이는 다시 정신 건강에도 부정적인 영향을 미칠 수 있습니다. 따라서 노년기 건강 관리는 특정 질병에 국한되지 않고, 신체 전반의 상호 연관성을 고려한 통합적인 접근이 필수적입니다. 하나의 건강 문제를 개선하면 다른 건강 영역에도 긍정적인 파급 효과를 가져올 수 있다는 점을 이해하는 것이 중요합니다.

인지 기능 저하 및 치매 예방은 노년기 건강 관리의 핵심적인 부분입니다. 치매는 중장년층이 가장 두려워하는 질병 중 하나로, 국내 65세 이상 인구 중 치매 환자 추정 인구가 100만 명을 넘어설 것으로 예측됩니다. 치매까지 가지 않더라도 나이가 들면 자연스럽게 노화 관련 인지 기능 저하 증상이 나타나기 때문에 이에 대한 적극적인 관리가 필요합니다. 기억력과 인지력 유지를 위해 꾸준한 일상적 신체 활동, 건강한 식습관, 과도한 음주 및 흡연 피하기, 두뇌 활동을 활발하게 하는 독서, 퍼즐, 게임 등이 권장됩니다. 특정 영양소(레시틴, 비타민E, 복분자 등)와 건강기능식품(포스파티딜세린, 은행잎 추출물)이 기억력 개선에 도움이 될 수 있다는 연구 결과도 있습니다.

국내 연구에서는 인지 중재 활동(인지 자극, 훈련, 재활)이 치매 노인의 정신 기능 및 활동/참여 영역에서 중간 효과 크기를 보였다고 보고됩니다. 또한, 치매 예방을 위한 '3권(勸) 3금(禁)' 수칙이 제시되는데, 이는 주 3회 이상 걷기 등 유산소 운동, 한 번에 3잔보다 적게 절주, 금연, 뇌 손상 예방을 포함합니다. 이러한 예방 중심의 접근은 만성 질환 관리와 함께 노년기 건강 유지에 필수적인 요소로 간주합니다.

균형 잡힌 영양 섭취는 노년기 활력 있는 삶을 위한 필수적인 요소입니다. 노년기에는 신체 활동량 감소로 인해 에너지 필요량이 줄어들지만, 영양소 흡수 효율이 떨어질 수 있으므로 섭취하는 칼로리 내에서 영양 밀도가 높은 식품을 선택하는 것이 매우 중요합니다. 근육량 감소(근감소증)에 대응하기 위해 하루 5~6.5온스(약 140~184g)의 단백질 섭취가 권장되며, 살코기, 가금류, 생선, 달걀, 두부, 견과류, 씨앗류, 콩류가 좋은 급원 식품입니다. 흰쌀밥 등 정제된 탄수화물보다는 현미, 통곡물 위주로 섭취하여 식이섬유와 미량 영양소를 충분히 얻는 것이 좋습니다. 올리브오일, 들기름 등 불포화 지방산 섭취를 늘리고, 가공

육, 튀긴 음식 등 포화지방 및 트랜스지방 섭취는 제한해야 합니다. 항산화 성분이 풍부한 다양한 색깔의 채소와 과일을 충분히 섭취하고, 비타민 D, B12, 칼슘 등 노년층에게 부족하기 쉬운 영양소는 필요시 보충제를 고려할 수 있습니다.

노년기에는 갈증 감지 능력이 저하되어 탈수 위험이 크므로, 하루 6~8컵 이상의 물이나 무가당 음료를 충분히 마시는 것이 중요합니다. 부드러운 채소와 생선 위주로 섭취하고, 고기는 기름지지 않게 조리하는 것이 소화에 부담을 덜어줍니다. 비전분성 채소, 과일, 통곡물, 콩류 중심의 저염, 저당 식단이 전반적인 건강에 이롭습니다. 또한, 음식물로 인한 질병을 피하고자 식품 안전 수칙을 철저히 준수해야 합니다.

규칙적인 운동은 노년기 활력 있는 삶을 위한 필수적인 요소입니다. 운동은 이동성 유지, 심장 건강 증진, 인지 기능 보존에 이바지하며, 만성 질환의 예방 및 진행 지연, 근력 강화, 균형 개선, 기분 향상 및 우울증 감소에 효과적입니다. 65세 이상 기준으로는 주 150분 중강도 유산소 활동(예: 빠르게 걷기, 수영, 자전거 타기) 또는 주 75분 고강도 유산소 활동(예: 조깅이나 달리기)이 권장됩니다. 주 2일 이상 주요 근육군을 사용하는 근력 강화 활동을 포함해야 하며, 각 활동은 8~12회 반복하여 1~3세트 수행하는 것이 좋습니다. 낙상 예방을 위해 뒤로 걷기, 한 발 서기,

태극권, 요가와 같은 균형 활동을 매주 포함하는 것이 중요하며, 장시간 앉거나 누워있는 것을 피하고 짧은 활동으로 긴 비활동 시간을 끊어주는 것이 좋습니다.

노인들이 운동에 잘 참여하지 않는 주된 이유로는 '운동할 시간 부족'과 '관심 부족'이 꼽히는데, 이러한 장벽을 극복하기 위해서는 운동을 정기적인 습관으로 만들고, 체중 감량이나 특정 거리 걷기와 같은 작은 목표를 설정하고, 경쟁보다는 운동 자체의 즐거움과 만족감에 집중하는 것이 중요합니다. 특히, 만성 질환이 있거나 질병이 있는 노인은 운동 시작 전 반드시 전문가와 논의하고, 의사의 지도로 운동 처방을 받아야 안전하고 효과적인 운동을 할 수 있습니다.

정기적인 건강 검진 및 질병 예방은 잠재적인 건강 문제를 조기에 발견하고 관리하는 데 매우 중요합니다. 노년기에는 만성 질환의 유병률이 높으므로, 고혈압, 당뇨, 고콜레스테롤, 우울증 등 만성 질환을 지속적으로 관리하고 치료하는 것이 필수적입니다. 이러한 질환들은 서로 영향을 미치며 전반적인 건강 악화에 이바지할 수 있습니다. 특히 치매 예방을 위한 관리가 강조되는데, 고혈압과 혈당 관리, 건강 체중 유지, 충분한 수면, 머리 부상 예방, 금주 및 금연이 치매 위험을 줄이는 데 핵심적인 역할을 합니다. 흡연자의 치매 발병 위험은 비흡연자에 비해

1.59배 높으며, 과음과 폭음은 인지 장애 확률을 높일 수 있습니다. 또한, 나이 관련 감각 손실(청력 또는 시력 손실)을 치료하는 것도 인지 기능 유지에 중요합니다. 복용 중인 약물이 기억력, 수면, 뇌 기능에 미칠 수 있는 부작용에 대해 의료 제공자와 상담하는 것도 필수적인 약물 관리의 한 부분입니다.

국내에서는 보건복지부가 노인 운동 지원, 만성 질환 관리, 실명 예방 및 개안 수술, 전립선 질환 예방, 무릎 관절 수술 등 예방 중심의 노인 건강 관리 지원 사업을 지속적으로 추진하고 있으며, 치매 예방-조기 발견-치료/관리-돌봄 체계를 내실화하고 가족의 간병 부담을 완화하기 위한 지원 체계를 마련하고 있습니다. 이러한 정책들은 질병 발생 후의 치료뿐만 아니라, 질병의 발생 자체를 예방하거나 진행을 늦추는 데 중점을 둔 통합적인 건강 관리 패러다임이 확산하고 있음을 보여줍니다. 노년기 건강은 개별 질병의 치료를 넘어, 생활 습관 개선, 정기 검진, 그리고 사회적 지원이 유기적으로 결합한 예방 중심의 접근을 통해 더욱 효과적으로 관리될 수 있습니다.

정신 건강은 전반적인 건강의 중요한 구성 요소이며, 신체 건강과 밀접하게 연관되어 있습니다. 우울증은 당뇨, 심장병, 뇌졸중 등 여러 유형의 만성 질환 위험을 높이고, 반대로 만성 질환은 정신 건강 문제의 위험을 증가시킬 수 있습니다. 노년기는 은퇴, 심각한 질병 대처, 배우자 상실 등 중요한 삶의 변화를 겪으며 슬픔과 외로움을 경험할 수 있는 시기입니다. 특히, 우울증은 노화의 정상적인 부분이 아니며, 치료할 수 있는 의학적 상태임에도 불구하고 노인들은 증상을 노화의 자연스러운 과정으로 오인하거나, 정신 질환에 대한 낙인이나 수치심 때문에 치료를 받지 않는 경향이 있습니다. 이러한 인식은 노년기 우울증의 낮은 진단율과 치료율로 이어져, 삶의 질을 저하하고 다른 신체 질환의 예후에도 부정적인 영향을 미칠 수 있습니다. 만성 질환, 기능 제한, 수면 문제 등이 있는 노인에게 우울증이 더 흔하게 나타나며, 이는 신체적 건강과 정신적 건강이 서로 영향을 주고받는 복합적인 관계임을 보여줍니다. 따라서 노년기 정신 건강 문제는 단순히 개인의 심리적 상태를 넘어선 사회적, 의료적 관심이 필요한 영역입니다.

노년기에도 스트레스는 여전히 존재하며, 이를 어떻게 관리하느냐에 따라 삶의 질이 크게 달라질 수 있습니다. 효과적인 스트레스 및 감정 조절 기법을 익히는 것이 중요합니다. 기분이 나쁘거나 속상할 때는 감정을 억누르지 말고, 믿을 수 있는 사람에게 이야기하거나 **감정 일기를 쓰는 것**이 도움이 됩니다. 감정을 글로 적는 것은 감정을 객관적으로 바라보고 정리하는 데 효과적입니다. 또한, 깊이 들이마시고 천천히 내쉬는 **호흡법**은 감정을 차분하게 가라앉히는 데 유용합니다. 매일 5~10분 정도 조용한 곳에서 **명상**하거나 현재 순간에 집중하는 **마음챙김** (mindfulness) **연습**은 감정 기복을 완화하고 스트레스를 감소시키며 마음의 평온을 유지하는 데 효과적입니다. 이러한 연습은 불필요한 걱정을 줄이고 '지금 이 순간'을 즐기는 데 도움을 줍니다. **자연 속 활동**은 스트레스 해소에 매우 효과적입니다. 산책이나 자연 속에서 활동하는 것은 기분을 좋게 하고 뇌 기능을 높이는 데도 도움이 된다고 보고됩니다. 이는 신체 활동과 정신적 이완을 동시에 제공하여 전반적인 웰빙을 증진시킵니다.

마지막으로, 삶에 대한 **긍정적인 태도를 유지**하는 것은 정신건강에 큰 영향을 미칩니다. 하루에 감사한 일 3가지 적기, '안 된다' '못 한다'는 부정적인 생각 대신 '할 수 있다'는 긍정적인 말을 사용하기, 작은 성취에도 자신을 칭찬하기 등은 삶의 만족도를 높이고 우울감을 줄이는 데 중요합니다. 이러한 습관은 노년기 삶의 질을 높이는 데 긍정적인 에너지를 불어넣습니다.

노년기에 접어들면서 자연스럽게 사회적 관계의 폭이 줄어들 수 있습니다. 이 시기에 '혼자'라는 상태가 결코 고독이나 고통의 원인이 되어서는 안 됩니다. 오히려 외로움을 고독의 늪에 빠트리지 않고 즐기면서 '**고독력**'으로 키우면 노년에도 행복을 충분히 누릴 수 있습니다. 요한 G. 치머만의 고독 철학은 고독을 '자신을 마주하는 지적인 상태'로 규정하며, 이는 단순히 육체적으로 혼자 있는 것과는 다른 개념입니다. 그는 고독이 정신의 효율성을 극대화하고, 관찰력, 지적 호기심, 창의력, 문제 해결력을 발달시킨다고 강조합니다. 건강한 고독은 꾸준히 할 일이 있을 때 잘 유지될 수 있으며, 내면에 집중할 수 있는 환경이 중요합니다.

쇼펜하우어 또한 고독의 가치를 높이 평가했습니다. "천재는 고독을 즐기지만, 평범한 사람은 무리 속에서 안도감을 느낀다"는 그의 명언은 고독이 깊은 사고와 창의적 활동을 위한 필수적인 과정임을 시사합니다. "고독을 견딜 수 없는 사람은 자신의 내면이 빈곤하다는 것을 드러낼 뿐이다"라는 말은 진정한 자기 성찰과 내적 성장이 고독한 시간을 통해 이루어짐을 강조합니다. 또한, "고독은 정신적 독립의 어머니다"라고 하여 고독한 시간이 타인의 영향에서 벗어나 진정한 자아를 발견하고 독립적인 사고를 할 수 있게 해준다고 보았습니다.

그는 고독 속에서 진정한 자아를 발견하고 자유를 느낄 수 있다고 역설했습니다. 노년과 임종에 가까워질수록 고독의 필요성은 더 커지며, 이는 평화롭고 의미 있는 삶을 준비하는 데 중요한 시간으로 강조됩니다. 이러한 철학적 통찰은 노년기 고독을 단순히 외로움이나 고립으로 인식하는 것을 넘어, 개인의 성장과 내적 충만을 위한 능동적인 기회로 재개념화할 필요가 있음을 시사합니다. 사회적 관계가 자연스럽게 줄어들 수 있는 노년기에 '건강한 고독'을 적극적으로 활용하는 것은 자기 발견, 창의성 증진, 그리고 깊은 내적 평화를 얻는 강력한 방법이 될 수 있습니다.

60대, 70대 노년층의 건강하고 행복한 삶은 신체적, 정신적 요인들이 상호작용을 하는 복합적인 결과입니다. 노년기 건강 관리는 단순히 질병 치료에 국한되어서는 안 되며, 예방 중심의 통합적이고 개인 맞춤형 접근이 필요합니다.

첫째, 노년기 우울증은 노화의 정상적인 과정으로 오인되어 간과되기 쉬운 심각한 건강 문제입니다. 이는 신체적 증상과 유사하게 나타나거나, 사회적 요인과 깊이 연관되어 있습니다. 따라서 노년기 우울증에 대한 사회적 인식을 개선하고, 의료 시스템 내에서 정신 건강 검진 및 상담을 통합적으로 제공하여 조기 진단과 치료를 활성화해야 합니다.

둘째, 노년기 신체 건강 문제는 상호 연관성이 매우 높습니다. 근력 저하는 낙상으로 이어지고, 만성 질환은 인지 기능 저하의 위험을 높이는 등 한 영역의 문제는 다른 영역에 부정적인 영향을 미칠 수 있습니다. 반대로, 균형 잡힌 영양 섭취, 나이별 맞춤 운동, 정기적인 건강 검진 등 예방 중심의 통합적인 신체 건강 관리는 전반적인 웰빙을 증진시키는 핵심적인 전략입니다. 특히, 노년층의 영양 섭취는 칼로리보다 영양 밀도를 높이는 질적인 측면이 강조되어야 하며, 운동은 개인의 건강 상태와 흥미를 고려한 복합적인 활동으로 구성되어야 합니다.

27 실업급여 수급 자격
확인과 신청

누구나 일터에서 자신이 원하지 않는 순간 퇴직하거나 일자리를 잃을 수 있습니다. 이러한 순간은 누구에게나 예외 없이 찾아올 가능성이 있고, 또 그러한 상황이 되면 대부분은 큰 심리적, 경제적 부담감을 느끼게 됩니다. 특히 5060세대에게는 은퇴 후 소득 공백이 더욱 크게 다가올 수 있습니다. 갑작스러운 퇴직 통보에 앞이 캄캄해지거나, 정년퇴직 후 막막한 현실에 직면했을 때, 당장의 생계와 미래에 대한 불안감은 이루 말할 수 없을 것입니다.

그럴 때 국가가 마련한 **실업급여**라는 제도는 일자리를 잃은 이들이 재취업을 준비하는 동안 최소한의 생활을 유지하도록 도와주는 고마운 사회적 안전망입니다. 실업급여는 단순히 일시적인 생계 지원을 넘어, 새로운 일자리를 찾는 데 필요한 시간과 기회를 제공하며, 재취업을 위한 발판을 마련하는 데 큰 도움이 될 수 있습니다.

그러나 이러한 고마운 제도에도 명확한 기준과 규정이 있습니다. 실업급여를 받기 위해서는 명확한 **수급 자격 요건**을 충족해야 하며, 정해진 절차를 따라 정확하게 신청하고 관리해야 합니다. 혹시나 복잡하게 느껴질까 걱정할 필요는 없습니다. 이제부터 5060세대 실업급여 수급 자격을 꼼꼼히 확인하고, 다소 낯설게 느껴질 수 있는 신청 절차를 쉽고 명확하게 이해할 수 있도록 상세하게 안내하고자 합니다. 소중한 권리, 실업급여를 통해 불안한 노후의 첫 단추를 현명하게 채우고, 당당하게 권리를 찾아 새로운 인생 2막을 힘차게 열어갈 수 있기를 바랍니다.

퇴직 후 5060세대가 실업급여를 놓치지 않고 챙겨야 하는 이유는 단순히 생활비 충당을 넘어섭니다.

1. 연금 보릿고개 해소의 핵심 열쇠

많은 이들이 국민연금 수령 개시 나이인 만 65세까지 소득이 없는 기간, 이른바 '연금 보릿고개'를 걱정합니다. 실업급여는 이 기간에 당장의 생계 부담을 덜어주고, 조급해하지 않고 신중하게 재취업을 준비할 수 있도록 귀한 시간을 벌어줍니다. 안정적인 소득 흐름은 불필요한 재정적 압박을 줄여주고, 심리적인 여유를 찾아줍니다.

2. 재취업 활동의 든든한 지원군

실업급여 수급은 단순한 금전 지원이 아닙니다. 고용센터는 실업급여 수급자를 대상으로 다양한 **재취업 지원 프로그램**을 운영합니다. 이력서 및 자기소개서 작성법, 면접 기술 훈련, 직업 훈련 과정 참여, 취업 알선 등 5060세대에게 부족할 수 있는 최신 재취업 정보나 기술 습득에 큰 도움이 될 수 있습니다. 혼자서는 막막했던 재취업의 길이 고용센터의 도움으로 훨씬 수월해질 수 있습니다.

3. 심리적 안정과 자신감 회복

예상치 못한 퇴직이나 은퇴는 심리적으로 큰 불안감과 상실감을 안겨줄 수 있습니다. 오랫동안 사회 활동을 해온 사람들일수록 더욱 그렇습니다. 실업급여는 최소한의 생계 보장을 통해 이러한 심리적 압박감을 덜어주고, 긍정적인 마음으로 새로운 시작을 준비하고 자신감을 회복할 수 있는 기반을 마련해 줍니다. 이는 재취업 성공에도 긍정적인 영향을 미칩니다.

실업급여 수급 자격 요건

—

실업급여를 받기 위해서는 몇 가지 필수적인 자격 요건을 충족해야 합니다. 5060세대는 정년퇴직, 명예퇴직, 계약 만료 등 다양한 퇴직 사유가 있기에 본인의 상황에 맞춰 자격 요건을 정확히 확인하는 것이 중요합니다.

첫째, 고용보험 가입 기간을 충족해야 합니다. 일반적으로 이직일 전 18개월 동안 고용보험에 가입되어 있으면서 최소 **180일 이상**의 피보험 단위 기간을 충족해야 합니다. '피보험 단위 기간'이란 고용보험료를 낸 실제 근무 일수와 유급으로 처리된 휴일 등을 합산한 기간을 말합니다. 다시 말해, 약 6개월 이상의 실질적인 고용보험 납부 기록이 있어야 한다는 뜻이죠. 이 조건은 고용보험에 가입한 근로자들의 실제 근무 기간을 기준으로 측정되며, 만약 여러 직장에서 근무했다면 각 직장의 고용보험 가입 기간을 합산하여 180일을 채울 수 있습니다.

정확한 기간을 확인하고 싶다면, 근로복지공단 고용보험 콜센터(1350)에 문의하거나, 고용보험 웹사이트 또는 모바일 앱을 통해 **피보험자격 이력 내역서**를 발급받아 확인해 볼 수 있습니다. 단기 일용직이나 특수 형태 근로자, 예술인과 같은 특정 직종에 속한 경우에는 기간 측정 방식이나 적용 기간이 조금 달라질 수 있으니, 본인의 상황을 정확히 확인하는 것이 중요합니다.

둘째, 퇴직 사유가 '비자발적'이어야 합니다. 실업급여의 기본 취지는 자신의 의지가 아닌 사유로 인해 일자리를 잃은 이들에게 도움을 주는 것입니다. 구체적으로는 **해고, 회사의 폐업 또는 도산, 계약 만료에 의한 퇴사, 권고사직** 등이 대표적인 비자발적 이직 사유로 인정됩니다. 5060세대의 경우, 정년퇴직도 비자발적 이직 사유에 해당하므로 실업급여를 신청할 수 있습니다. 또한, 회사의 경영상 어려움으로 인한 구조조정이나 권고사직 역시 비자발적 이직으로 인정됩니다.

이 외에도 **임금 미지급, 직장 내 괴롭힘 또는 성희롱으로 인한 퇴사, 원거리 근무지 발령으로 인한 통근 곤란으로 인한 퇴사, 본인의 질병이나 부상, 가족의 질병 간병 및 육아** 등의 정당한 사유가 인정될 때도 실업급여를 받을 수 있습니다. 이때는 병원 진단서나 가족 관계 증명서 등 해당 사유를 증명할 수 있는 객관적인 서류를 준비해야 합니다. 자신의 의지로 일을 그만둔 자발적 퇴사자는 원칙적으로 실업급여 수급 대상이 아니지만, 임금체불이나 신체적 질병으로 인해 더 이상 업무 수행이 불가능하여 퇴직한 경우처럼 부득이한 사정이 인정될 때는 자발적 퇴사라고 해도 실업급여 수급이 가능한 예외적 상황이 발생할 수 있습니다. 본인의 퇴직 사유가 실업급여 수급 요건에 해당하는지 확실하지 않다면, 반드시 거주지 관할 고용센터에 문의하여 정확한 상담을 받아보기를 권합니다.

셋째, 적극적인 구직 활동을 해야 합니다. 실업급여는 단순히 실직 상태에 머무는 이들을 위한 생계 지원 제도가 아닙니다. 구직을 촉진하고 재취업을 장려하는 것이 주된 목적이므로, 실업급여를 받기 위해서는 반드시 **적극적인 구직 활동**을 해야 합니다. 구직 활동이 없으면 실업급여를 받지 못합니다. 실업급여를 신청한 사람은 고용센터가 정한 일정에 따라 정기적으로 자신의 구직 활동 현황을 보고하고, 확인받아야 합니다.

구직 활동으로 인정되는 범위는 실제 이력서를 제출하거나 면접에 참석하는 등의 구체적인 행동이며, 고용센터가 제공하는 채용박람회 참가나 직업훈련 과정 참여 등도 포함됩니다. 워크넷(www.work.go.kr)에 구직 등록을 하고 온라인 입사 지원을 하는 것이 가장 일반적이고 효율적인 방법입니다. 5060세대는 온라인 구직 활동에 어려움을 느낄 수 있으므로, 고용센터의 도움을 받아 워크넷 구직 등록 및 이력서 작성 등을 익히거나, 주변의 도움을 받는 것이 좋습니다.

위의 조건을 충족했다면 다음으로 실업급여 신청을 진행해야 합니다. 차근차근 단계별로 살펴보면 어렵지 않습니다.

실업급여 신청 단계

단계 1: 사업주에게 서류 요청 및 확인 (가장 먼저 할 일!)

퇴직 후 가장 먼저 해야 할 일은 이전에 근무했던 사업주에게 **고용보험 상실 신고서**와 **이직확인서**를 요청하는 것입니다. 사업주는 근로자가 퇴사한 후 10일 이내에 이러한 서류들을 고용노동부에 제출할 의무가 있습니다. 실업급여를 신청하는 근로자는 이직확인서가 고용노동부에 정상적으로 제출되었는지 확인해야 합니다. 고용보험 웹사이트나 앱을 통해 '이직확인서 처리 여부 조회' 메뉴에서 사업주가 서류를 제출했는지, 그리고 그 내용이 정확한지 확인할 수 있습니다. 이직확인서가 정확히 처리되어야만 실업급여 신청 절차를 다음 단계로 진행할 수 있으므로, 반드시 확인을 잊지 마세요.

단계 2: 워크넷 구직 등록 및 구직 신청

이직확인서가 처리된 것을 확인했다면, 이제 본격적인 실업급여 신청의 첫 단계인 **워크넷 구직 등록**을 해야 합니다. 워크넷(www.work.go.kr)에 접속하여 회원가입을 한 후, 이력서를 작성하고 구직 신청을 완료해야 합니다. 5060세대 중 컴퓨터나 인터넷 사용이 익숙지 않다면 자녀나 주변 사람의 도움을 받거나, 가까운 고용센터에 방문하여 전산실의 도움을 받아 구직 등록을 진행할 수 있습니다. 워크넷 구직 등록은 실업급여 수급 자격의 필수 요건이므로, 가장 먼저 처리해야 할 중요한 절차입니다.

단계 3: 거주지 관할 고용센터 방문 및 수급 자격 인정 신청

워크넷 구직 등록을 마쳤다면, 이제 **거주지 관할 고용센터**를 방문하여 실업급여 수급 자격 인정 신청을 해야 합니다. 방문 전 필요한 서류들을 미리 준비해 두면 좋습니다.

- **준비물**: 본인 신분증, 퇴직 사유를 증명할 수 있는 서류 (예: 정년퇴직 증명서, 계약 만료 통지서, 사직서 사본, 질병 진단서 등), 그리고 혹시 모를 상황에 대비하여 근로계약서 사본 등을 챙겨가는 것이 좋습니다. 이직확인서는 사업주가 고용노동부에 제출했으므로 별도로 가져가지 않아도 됩니다.
- **방문 및 신청**: 고용센터에 방문하여 비치된 '실업급여 수급 자격 인정 신청서'를 작성하고 준비된 서류와 함께 제출합니다. 담당자와의 간단한 상담을 통해 본인의 퇴직 사유 및 상황을 설명하게 됩니다.
- **수급 자격 설명회 참여**: 신청서 제출 후에는 실업급여 수

급을 위한 필수 교육인 '수급 자격 설명회'에 참여해야 합니다. 이 설명회는 실업급여 지급 조건, 재취업 활동 의무, 부정수급 방지 등에 대한 중요한 정보를 제공하므로 반드시 이수해야 합니다. 보통 온라인으로도 수강할 수 있으며, 고용센터 방문 시 현장 참여도 가능합니다. 온라인 수강을 선호하신다면 고용보험 홈페이지에서 '온라인 교육'을 찾아 수강하면 됩니다.

단계 4: 실업인정 신청 및 급여 수령

수급 자격이 인정되면, 고용센터는 '실업인정일'을 지정해 줄 것입니다. 이 실업인정일에 맞춰 주기적으로 **재취업 활동 내역을 신고**해야 실업급여를 받을 수 있습니다.

- **신고 방법**: 가장 일반적이고 편리한 방법은 고용보험 홈페이지(www.ei.go.kr)에서 온라인으로 실업인정 신청을 하는 것입니다. 이 외에도 고용센터에 팩스로 구직 활동 내역을 제출하거나, 불가피한 경우 직접 방문하여 제출할 수도 있습니다.
- **구직 활동 증명**: 구직 활동으로 인정받기 위해서는 단순히 '일자리를 찾아봤다'고 말하는 것을 넘어 구체적인 증

빙이 필요합니다. 예를 들어, 워크넷을 통한 입사 지원 내역, 면접에 참여했다면 면접 확인서 또는 면접 담당자 명함, 직업 훈련에 참여했다면 훈련 수료증 또는 출석 증명서 등을 준비해야 합니다.

- **급여 지급**: 실업인정이 완료되면 며칠 내로 신청 시 기재한 본인 계좌로 실업급여가 입금됩니다. 실업급여는 수급 자격 인정일로부터 소정급여일수만큼 지급되며, 수급 기간은 이직일 다음 날부터 12개월을 초과할 수 없습니다.

5060세대를 위한 실업급여 활용 팁

- **퇴직 전 미리 준비하는 현명함**: 퇴직이 예상된다면, 퇴직 전에 고용보험 가입 이력, 퇴직 사유 등을 미리 확인하고 필요한 서류를 준비해 두는 것이 좋습니다. 회사에 이직 확인서 발급을 미리 요청해 두면 퇴직 후 서류 문제로 지체되는 시간을 줄일 수 있습니다.
- **고용센터를 200% 활용하세요**: 고용센터는 실업급여 신청뿐만 아니라, 직업 훈련, 취업 알선, 취업 상담 등 다양

한 재취업 지원 서비스를 무료로 제공합니다. 특히 5060 세대에 특화된 재취업 프로그램이나 지원금(예: 중장년 취업 지원 프로그램 등)이 있을 수 있으니, 적극적으로 문의하고 활용하세요. 단순한 '급여 받는 곳'이 아닌, '새로운 시작을 돕는 곳'으로 생각하는 것이 중요합니다.

- **온라인 활용 능력 향상**: 워크넷이나 고용보험 홈페이지는 실업급여 신청 및 구직 활동의 필수 도구입니다. 컴퓨터나 스마트폰 사용에 어려움을 느낀다면, 자녀나 디지털 교육 프로그램의 도움을 받아 능력을 향상하는 것이 좋습니다. 이는 단순히 실업급여를 넘어, 변화하는 사회에 적응하고 새로운 기회를 찾는 데도 큰 도움이 될 것입니다.

- **부정수급은 절대 금지**: 실업급여를 받으면서 소득이 발생하는 때(단기 아르바이트, 프리랜서 소득 등)에는 반드시 고용센터에 신고해야 합니다. 이를 신고하지 않고 급여를 받는 행위는 부정수급에 해당하며, 법적인 처벌을 받을 수 있음은 물론 이미 수령한 급여를 반환해야 할 수 있습니다. 정직하게 제도를 활용하는 것이 중요합니다.

- **건강 관리와 심리적 안정 병행**: 실업급여를 받는 동안 건강을 관리하는 것도 매우 중요합니다. 규칙적인 운동과

건강한 식습관을 유지하며 재취업 준비에 필요한 체력을 기르십시오. 퇴직 후 느끼는 상실감이나 우울감은 혼자 감당하기 어려울 수 있습니다. 고용센터나 지역 복지관에서 제공하는 심리 상담 프로그램을 통해 마음을 돌보는 것도 좋습니다. 건강한 몸과 마음이 현명한 재취업의 밑거름이 됩니다.

실업급여는 노후에 잠시나마 숨통을 트이게 해주고, 재취업을 위한 에너지를 충전할 소중한 기회입니다. 이 장에서 안내한 내용을 바탕으로, 당당하게 권리를 찾아 새로운 인생 2막을 힘차게 열어가길 바랍니다. 이 책의 부제처럼 '노후에 잘 먹고 잘 사는 법'의 첫걸음은 바로 이러한 사회 안전망을 현명하게 활용하는 데서 시작됩니다.

28 삶의 의미,
무엇을 위해 살 것인가?

살아가면서 우리는 수없이 많은 질문과 마주합니다. 누구에게나 한 번쯤은 찾아오는, 어쩌면 피하고 싶지만 피할 수 없는 질문들이죠. 저에게 중요했던 질문들은 '죽음은 무엇인가?' '나는 어떻게 죽게 될 것인가?' '나는 어떤 사람으로 기억될 것인가?', 그리고 '나는 무엇을 남길 것인가?' 같은 것들이었습니다. 이런 질문들을 매일 붙들고 있으면 삶이 고통스러울 수도 있습니다. 하지만 반대로, 이러한 질문들을 단 한 번도 던져보지 않고 바쁘게만 살아간다면, 그것 또한 우리 삶의 중요한 부분을 놓치고 있는 것과 다름없을 것입니다.

어쩌면 무의식적인 질문과 회피의 반복은, 우리가 진정으로 원하는 삶의 방향성을 찾지 못하고 그저 떠밀리듯 살아가는 이유가 될 수도 있습니다. 이러한 질문들은 불편하지만, 동시에 우리 삶의 깊이를 더하고 진정한 만족감을 찾아가는 데 필수적인 나침반이 되어줄 수 있습니다.

바쁘게, 오직 앞만 보고 달려오는 동안 우리는 얼마나 많은 소중한 것들을 잊고 살았을까요? 때로는 학창 시절을 함께했던 가까운 친구들과의 순수한 추억을, 때로는 가족과 따뜻하고 행복했던 순간들을 뒤로한 채 말입니다. 사회적인 역할과 책임감에 짓눌려 개인의 욕구와 감정을 외면하며 살아왔을지도 모릅니다. 하지만 그 무엇보다도 가장 안타깝고 중요한 것은 바로 '나 자신'을 잊게 된다는 점입니다. '나는 무엇을 좋아하는 사람인가?' '무엇을 할 때 진정으로 행복을 느끼는가?' '어떤 가치관을 가지고 삶을 살아가고 싶은가?'와 같은 가장 기본적인 질문조차 잊은 채, 오직 '직장인으로서의 나' '부모로서의 나'라는 역할 속에 갇혀 살아가게 됩니다.

그렇게 역할 속의 나로 살아가다 보면, 정작 내면의 나 자신은 점점 흐릿해지고 목소리를 잃게 되는 것이죠. 마치 오랜 시간 먼지가 쌓인 거울처럼, 우리는 진정한 자기 모습을 비춰볼 기회조차 잃어버리는 경우가 허다합니다. 그리고 퇴직이라는 급작스러운 변화 앞에서, 그 거울에 비친 낯선 자기 모습에 당황하거나 심지어 절망하기도 합니다.

하지만 5060세대는 삶을 '정리해야 하는' 시점이 절대 아닙니다. 오히려 인생의 후반부를 그 어느 때보다 풍요롭고 의미 있게 가꿀 수 있는 <u>새로운 시작점</u>입니다. 이제 잠시 숨 고를 틈이 생겼을 때, 바쁜 일상에서 벗어나 오직 나 자신을 위해 온전히 하루를 써보는 것은 어떨까요? 복잡한 전자기기들은 잠시 멀리 치워두고 조용한 곳으로 떠나, 마음을 정화할 세 권의 책과 내면의 생각을 기록할 한 권의 노트, 그리고 한 자루의 펜만으로 나에 대해 깊이 생각하고 정리해 보는 시간을 가져보세요.

이는 단순히 육체적인 휴가가 아닙니다. 오히려 다가올 미래를 위한 가장 현명한 계획이자, 오랜 시간 잃어버렸던 '진정한 나'를 되찾는 감동적인 여정이 될 것입니다. 그렇게 스스로에게 질문하고 답을 찾아가는 과정이야말로, '노후에 잘 먹고 잘 사는 법'의 핵심이자 삶의 진정한 의미를 찾아가는 첫걸음이 될 것입니다. 이 시간은 그동안 자신을 돌보지 못했던 우리에게 자신을 치유하고 재충전하며, 앞으로 나아갈 힘을 얻는 소중한 기회를 선사할 것입니다. 이 자기 탐색의 과정은 어떤 거창한 성공보다 값진 내면의 평화와 충만함을 가져다줄 것입니다.

직장인으로 살아가는 동안 우리는 대부분 '회사에서의 나' '부모로서의 나' '가장으로서의 나'와 같은 주어진 역할에 충실하며 삶을 살아왔습니다. 이러한 역할에 매몰되다 보면 정작 '나 자신'이 누구인지, 무엇을 좋아하고, 무엇을 할 때 행복감을 느끼며, 어떤 가치를 추구하고 살아왔는지 잊어버리곤 합니다. 마치

연극의 배역에 너무 몰입한 나머지, 배우 자신의 본모습을 잃어버린 것과 같습니다. 퇴직 후의 시간은 이러한 잃어버린 '나'를 찾아가는 매우 소중한 기회이자, 어쩌면 우리 생애 마지막으로 주어지는 **자기 발견의 황금기**일지도 모릅니다. 이 시기는 외부의 시선과 사회적 기대에서 벗어나 온전히 나에게 집중할 수 있는 유일무이한 시간입니다.

이 시기에는 무엇보다 **진정한 휴식과 내면 탐색**에 집중해야 합니다. 이제껏 바쁘게 달려오느라 미뤄두었던 진정한 휴식을 취하며, 오직 나 자신에게 집중할 수 있는 시간을 가져보세요. 외부의 소음과 자극에서 벗어나 명상을 통해 마음을 고요히 하거나, 좋은 책을 읽으며 깊은 사색에 잠기거나, 혹은 조용한 숲길을 홀로 산책하며 나만의 방식으로 내면의 소리에 귀 기울여보는 겁니다. 이러한 시간은 우리의 지친 영혼에 활력을 불어넣고, 내면의 깊은 곳에 잠들어 있던 진정한 자아를 일깨우는 데 도움을 줄 것입니다. 단순히 쉬는 것을 넘어, 내 삶의 진정한 주체로 다시 서기 위한 필수적인 과정이며, 앞으로 어떤 방향으로 나아갈 것인지에 대한 통찰을 얻는 시간이 될 것입니다.

또한, **어릴 적 꿈과 젊은 날의 열정**을 되살려보는 것은 자기 발견의 중요한 단서가 됩니다. 학창 시절 특별히 좋아했던 과목은 무엇이었는지, 열정을 쏟았던 취미나 활동이 있었는지, 젊은 날 도전하고 싶었지만 현실적인 이유로 과감히 포기해야 했던 꿈이 있었는지 스스로에게 질문해 보세요. 아마 먼지 쌓인 앨범을 뒤적이다 잊고 있던 자기 모습을 발견하는 것처럼, 오래전의 꿈과 열정이 불현듯 떠오를지도 모릅니다.

이제는 그 꿈들을 다시 꺼내볼 때입니다. 거창한 결과나 성공을 기대할 필요는 전혀 없습니다. 어릴 적 좋아했던 그림을 다시 그리거나, 오랫동안 배우고 싶었던 악기를 다시 시작하거나, 혹은 바쁜 생활 때문에 미처 읽지 못했던 고전이나 철학 서적들을 느긋하게 읽는 것만으로도 충분합니다. 잃어버린 열정을 되찾는 이 과정은 우리에게 새로운 활력을 불어넣고, 삶에 대한 깊은 만족감을 선사할 것입니다. 이는 곧 내 안의 잠재력을 다시 발견하고, 삶의 새로운 의미를 부여하는 값진 경험이 됩니다.

물론, 이러한 자기 발견의 여정에는 **새로운 배움과 경험**도 필수적입니다. 새로운 것을 배우는 것은 뇌를 활성화하고 삶에 신선한 활력을 불어넣는 가장 좋은 방법입니다. 굳이 전문적인 지식이 아니어도 좋습니다. 관심 있는 분야의 온라인 강의를 듣거나, 지역 평생교육원에서 새로운 기술을 배우거나, 오랫동안 꿈꿔왔던 국내외 여행을 떠나 새로운 문화와 사람들을 경험해 보는 것도 좋습니다. 자원봉사를 통해 타인에게 도움을 주며 새로운 형태의 의미를 찾아보는 것도 좋은 방법입니다. 이러한 새로운 배움과 경험은 우리의 시야를 넓히고, 삶의 지평을 확장하며, 끊임없이 성장하는 즐거움을 선사할 것입니다. 이는 곧 우리 자신의 잠재력을 최대한 발휘하고, 더욱 풍요로운 삶을 살아갈 수 있는 동기를 유발합니다. 낯선 도전에 대한 두려움을 극복하고 새로운 것에 발을 들여놓는 용기가 인생 후반부를 전혀 다른 방향으로 이끌어 줄 수 있습니다.

삶의 의미는 거창하고 특별한 곳에만 존재하는 것이 아닙니다. 때로는 아주 작은 행동, 아주 사소한 나눔 속에서도 깊고 진정한 의미를 찾을 수 있습니다. 은퇴 후의 삶은 사회에 이바지할 수 있는 또 다른 기회이자, 자신의 존재 가치를 새롭게 확인하는 귀한 시간이 될 수 있습니다. 이것은 타인을 위한 것이기도 하지만, 궁극적으로는 자신을 위한 가장 큰 행복을 찾는 길입니다.

나눔과 봉사를 통한 기여는 삶의 의미를 깊게 만드는 효과적인 방법입니다. 내가 오랜 시간 동안 쌓아온 경험과 지식, 그리고 가진 재능을 필요한 곳에 나누는 봉사 활동은 타인에게 실질적인 도움을 주는 동시에, 나 자신에게도 비교할 수 없는 큰 보람과 만족감을 안겨줍니다. 예를 들어, 퇴직 후 가진 전문 지식으로 취약 계층의 자영업자들을 돕거나, 아이들에게 재능 기부를 하거나, 혹은 단순히 지역 사회 환경 정화 활동에 참여하는 것만으로도 충분합니다. 이는 단순히 시간을 채우는 행위가 아니라, 나의 존재가 여전히 사회에 유의미한 가치를 창조하고 있음을 확인하는 과정이 됩니다. 타인의 삶에 긍정적인 영향을 미치고 있다는 인식은 자존감을 높이고 삶의 활력을 되찾아주는 강력한 원동력이 됩니다.

그리고 일상 속의 <u>작은 성취를 통해 자존감을 높이는 것</u>도 중요합니다. 노년기에 접어들면 크고 거창한 목표보다는 현실적이고 달성할 수 있는 작은 목표들이 더욱 중요해집니다. 매일 작은 목표를 세우고 꾸준히 달성하는 과정을 통해 자존감을 높일 수 있습니다. 아침 일찍 일어나 가볍게 산책하기, 건강한 식재료로 직접 맛있는 음식 만들어 먹기, 하루 단 한 페이지라도 책을 읽기, 혹은 새로운 외국어 단어 하나 외우기 등 사소해 보이는 습관들도 꾸준히 이어가다 보면 어느새 큰 성취감을 느끼게 될 것입니다.

이러한 작은 성공의 경험들이 쌓여 '나는 여전히 해낼 수 있는 사람' '나는 스스로에게 약속을 지킬 수 있는 사람'이라는 강한 자신감을 심어줄 것입니다. 이는 곧 자신의 가치를 인정하고 존중하는 자기 인식을 강화하는 과정이며, 노년기 삶의 활력과 긍정적인 태도를 유지하는 데 핵심적인 역할을 합니다. 자신의 노력을 통해 변화하고 성장하는 모습을 스스로 목격하는 것만큼 큰 보람은 없을 것입니다.

어쩌면 삶에서 가장 궁극적이고 심오한 질문인 '나는 왜 태어났는가?'에 대한 답은 누구에게나 단 하나의 정답으로 주어지지 않습니다. 오히려 그 답은 삶의 매 순간, 내가 선택하고 행동하는 과정에서 스스로 찾아가는 것입니다. 이 질문은 우리가 살아온 삶의 의미를 되짚어보고, 앞으로 살아갈 삶의 방향성을 설정하는 데 필수적인 이정표가 됩니다.

이러한 여정에서 **성찰의 기록**은 강력한 도구가 됩니다. 일기 쓰기나 자서전 쓰기는 지나온 삶을 되돌아보고, 나만의 이야기를 기록하는 매우 의미 있는 작업입니다. 매일 일기를 쓰며 그날의 감정과 생각을 정리하고, 삶의 중요한 사건들을 기록해 나가는 것은 내면을 깊이 들여다보는 귀한 시간이 됩니다. 나아가 자서전을 쓰며 나의 인생을 하나의 이야기로 엮어내는 과정을 통해 '나는 어떤 사람인가' '어떤 가치관을 가지고 살아왔으며, 어떤 의미를 남기고 싶은가'를 명확히 깨닫고, 삶의 의미를 새롭게 발견할 수 있습니다. 과거를 객관적으로 바라보고 현재의 나를 이해하며, 미래를 위한 방향성을 설정하는 네 큰 도움이 될 것입니다. 단순히 기억을 되짚는 것을 넘어, 과거의 경험들이 현재의 나를 어떻게 만들었는지 통찰하고 미래를 위한 교훈을 얻는 과정이 됩니다.

  궁극적인 질문인 '나는 왜 태어났는가?'는 또한 '나는 어떻게 죽음을 맞이할 것인가?'라는 질문과 깊이 맞닿아 있습니다. 나의 삶을 되돌아보고, 남은 시간을 어떻게 의미 있게 보낼 것인가를 진지하게 고민하는 과정은 삶의 의미를 더욱 깊이 있게 이해하는 데 도움을 줍니다. 이는 결코 우울하거나 비관적인 성찰이 아닙니다. 오히려 삶의 유한함을 인식함으로써 매 순간의 소중함을 깨닫고, 남은 삶을 더욱 뜨겁고 열정적으로 살아낼 강력한 동기가 될 수 있습니다. 삶의 마지막 순간에 후회하지 않기 위해 지금 무엇을 해야 하는지, 어떤 가치를 추구해야 하는지에 대한 명확한 답을 얻는 시간입니다. 이 과정은 삶의 모든 경험을 하나의 큰 그림으로 연결하고, 그 안에서 나만의 의미와 목적을 찾아가는 소중한 기회가 됩니다.

  많은 철학자와 현인들은 삶의 궁극적인 의미가 '사랑'과 '연결'에 있다고 말하지만, 이러한 연결의 시작은 결국 '나 자신'과의 연결에서 비롯됩니다. 나 자신을 이해하고 사랑할 때, 비로소 우리는 타인과 진정으로 연결될 수 있으며, 그 속에서 깊은 만족과 행복을 경험할 수 있습니다. 노년기에는 혼자만의 성찰이 중요하지만, 결국 인간은 관계 속에서 존재하며 행복을 느낍니다. 이 시기에는 나 자신을 깊이 들여다보는 시간을 통해 진정한 '나'를 발견하고, 그 '나'를 바탕으로 타인과 건강하게 연결될 때 비로소 진정한 삶의 충만함을 경험할 수 있을 것입니다.

에필로그
후회 없는 오늘이 만드는 빛나는 내일

　우리는 모두 저마다 다른 삶의 무대 위에 서 있습니다. 어떤 이들은 두툼한 지갑과 든든한 연금으로 경제적 자유를 꿈꿀 준비를 마쳤고, 또 다른 이들은 따뜻한 사람들과의 관계 속에서 흔들림 없는 위안을 얻을 준비를 했을 것입니다. 마음의 평온을 얻어 삶의 변화를 의연하게 받아들일 준비를 마친 이들도 있을 테고, 운이 좋게도 이 모든 것을 완벽하게 갖춘 이들도 있을 것입니다. 하지만 안타깝게도 아무것도 준비되지 않은 채 하루하루를 근근이 버텨온 이들도 많습니다. 희망보다는 막막함 속에서 또다시 버텨내야 할 삶의 무게 앞에서 한숨을 짓는 이들에게 과연 '후회 없는 노후'라는 희망은 존재할 수 있을까요? 존재할 수 있습니다. '움직이는' 사람들에게 말이죠.

　수많은 '현명한 은퇴자들'을 보면서, 그들의 공통된 특성을 하나의 틀로 규정하기란 쉽지 않았습니다. 그들은 저마다 다른 길을 걸어왔고, 다양한 방식으로 노년을 맞이하고 있었기 때문입니다. 하지만 그들이 공통으로 보여준 세 가지 유사점은 명확했습니다. 첫째, 그들은 **준비했습니다**. 막연한 미래를 두려워하며 손 놓고 있기보다, 자신의 상황과 가능성을 냉철하게 직시하고 무엇이든 작은 것부터 하나씩 준비하기 시작했습니다. 그들에게 준비는 불안감을 해소하고 미래를 통제하는 첫걸음이었습니다. 둘째, 그들은 **공부했습니다**. 단순히 지식을 쌓는 것을 넘어, 변화하는 세상 속에서 자신의 삶에 필요한 새로운 지혜를 얻기 위해 끊임없이 배우고 탐구했습니다. 재취업 시장의 흐름을 읽고 새로운 기술을 익히는가 하면, 자신에게 맞는 재정 관리법이나 건강 관리 정보를 찾아 나섰습니다. 그리고 셋째, 그들은 무엇보다 **시도했습니다**. 머릿속으로만 생각하고 완벽한 계획을 세우는 것에 갇히지 않고, 직접 몸을 움직여 현실에 적용하고 실행으로 옮겼습니다. 그들은 실패를 두려워하지 않았고, 오히려 시행착오를 통해 배우고 성장하는 기회로 삼았습니다.

그렇습니다. '현명한 은퇴'라는 것은 단순히 운이 좋아서 얻어지는 행운이 아닙니다. 그것은 치열하게 고민하고 **움직인 사람들에게만 주어지는 특권**과도 같습니다. 이 책의 내용들이 때로는 너무나 '뻔하고', 때로는 '기본적'이라고 느껴질 수도 있습니다. "이 정도는 나도 이미 알고 있는 내용인데?"라고 생각하며 페이지를 넘길지도 모릅니다. 하지만 현명한 은퇴자들은 바로 그 '뻔함'과 '기본'을 **실행**으로 옮긴 이들이었습니다. 건강 관리부터 재정 계획, 인간관계 재정립에 이르기까지, 삶의 모든 측면에서 그들은 주저하지 않고 실행하고 시도했습니다. 그들은 막연한 불안감에 사로잡히기보다, 주체적으로 행동하며 미래를 개척해 나갔습니다.

그들은 멈춰지는 것을 두려워했습니다. 그래서 하루하루를 더 열심히 살았습니다. 5년 후, 10년 후, 20년 후 자신이 어디에서 무엇을 하고 살지 명확한 그림을 그렸습니다. 그 그림은 단순히 꿈이나 희망이 아니라, 구체적인 목표와 방향성을 제시하는 나침반이었습니다. 그리고 그 나침반을 기반으로 '지금' 당장 해야 할 일이 무엇인지, '지금' 준비해야 하는 것이 무엇인지 치열하게 고민하고 실천했습니다. 단순히 미래를 막연하게 기다리거나 운에 맡긴 것이 아니라, 스스로 미래를 향해 적극적으로 나아갔던 것이죠. 그들의 노후는 우연히 찾아온 것이 아니라, 그들의 땀과 노력으로 빚어낸 필연적인 결과였습니다.

노년의 행복함은 결코 저절로 찾아오지 않습니다. 그것은 '나를 귀하게 대하는 사람이 있는 것'에서 오는 만족감, 그리고 '나를 귀하게 쓰는 사람이 있는 것'에서 오는 존재감을 통해 얻어지는 선물입니다. 그리고 이러한 행복은 외부에서 주어지는 것이 아니라, 내가 먼저 나 자신을 귀하게 대하고, 나 자신을 유의미하게 활용하려는 의지에서 시작됩니다. 충분히 이러한 행복을 누릴 수 있습니다. 삶을 책임지고 주도하는 사람은 결국 자신이기 때문입니다.

사회 걱정, 정치 걱정, 회사 걱정은 그만하세요. 가장 중요한 '나' 자신에 관한 관심은 뒷전으로 밀릴 수 있습니다. 물론 이러한 문제들은 우리 사회의 중요한 과제이며 함께 고민하고 해결해야 할 부분입니다. 하지만 사회, 정치, 회사는 알아서 자정하고 알아서 굴러갈 것입니다. 삶에서 가장 시급하고 중요한 것은 바로 '내 걱정'을 하고, '나'를 생각하며, '나를 위해서' 무언가를 해야 한다는 사실입니다. 개인이 건강하고 행복해야 사회도 건강해질 수 있습니다. 행복한 노년은 자신으로부터 시작됩니다. 막연한 두려움에 사로잡히지 말고, 주저하지 마십시오. 오늘 당장, 후회 없는 노후를 위한 첫걸음을 내딛으십시오. 움직이는 만큼 삶은 변화할 것이며, 그 변화는 분명 희망으로 가득할 것입니다.

현명한 은퇴자들

초판 1쇄 발행 2025년 8월 1일
초판 2쇄 발행 2025년 11월 26일

지은이 이범용 최익성

책임편집 공홍 | **편집** 윤소연
마케팅 이유림 임주성
경영 지원 이지원

펴낸곳 파지트 | **펴낸이** 최익성
출판등록 제2021-000049호

주소 경기도 화성시 동탄원천로 354-28 | **전화** 070-7672-1001
이메일 pazit.book@gmail.com | **인스타** @pazit.book

ⓒ 이범용 최익성, 2025
ISBN 979-11-7152-103-6 (03300)

- 이 책 내용의 일부 또는 전부를 재사용하려면 반드시 저작권자와 파지트 양측의 동의를 받아야 합니다.
- 책값은 뒤표지에 있습니다.